Abenteuer des Freiherrn von Münchhausen

Freiherr von Műnchhausen im Kreise seiner Freunde

Wundersame Reisen und Abenteuer des

Freiherrn von Münchhausen

Wie er sie bei der Flasche im Kreise seiner Freunde zu erzählen pflegte

KLASSIKER FÜR BEWUSSTSEINSBEZOGENE BILDUNG

Alfa-Veda

Erstveröffentlichung von Rudolf Erich Raspe:
„Baron Munchausen's Narrative of his
Marvellous Travels and Campaigns in Russia"
anonym veröffentlicht bei M. Smith, Oxford, London, 1785

Deutsche Erstveröffentlichung
von Gottfried August Bürger:
„Wunderbare Reisen zu Wasser und Lande,
Feldzüge und lustige Abentheuer
des Freyherrn von Münchhausen,
wie er dieselben bey der Flasche im Cirkel
seiner Freunde selbst zu erzählen pflegt"
anonym veröffentlicht bei
Johann Christian Dieterich, Göttingen, 1786

Nach Rudolf Erich Raspe und der
Übersetzung von Gottfried August Bürger
für Leser von heute ausgewählt, bearbeitet
und mit Nachwort und Glossar versehen
von Jan Müller

Umschlaggestaltung mit einem Bild von Oskar Herrfurth
und Satz in Janni-Schrift von Jan Müller

Alfa-Veda Verlag, Oebisfelde, 2022
alfa-veda.com

ISBN 978-3-945004-92-0

Inhalt

Des Freiherrn von Münchhausen eigene Erzählung

Des Freiherrn von Münchhausen See-Abenteuer

Hieronymus Carl Friedrich Freiherr von Műnchhausen in der Uniform seines Kűrassierregiments im lettischen Riga

Des Freiherrn von Münchhausen eigene Erzählung

Ich trat meine Reise nach Russland mitten im Winter an, weil ich ganz richtig schloss, dass die Wege durch die nördlichen Gegenden von Deutschland, durch Polen, Kur- und Liefland, die jeder Reisende als fast noch elender beschreibt als die Wege zum Tempel der Tugend, weil sie im Frühjahr und Herbst zu matschig und im Sommer zu staubig sind, durch den Frost gefrieren und ohne Kosten der Landesregierungen ausgebessert würden. Ich reiste zu Pferde, was ja die bequemste Art zu reisen ist, da man weder mit „höflichen“ Postmeistern Streit bekommt, noch von einem durstigen Postillion vor jede Schenke geschleppt wird.

Ich war allerdings nicht winterfest genug bekleidet, was ich als ziemlich übel empfand, je weiter ich gegen Nordosten kam. Bei solchem Wetter fand ich unter den rauesten Winden in Polen an der Heerstraße einen armen alten Mann hilflos und schaudernd unter einem Haselbusch liegen, der kaum etwas hatte, um seine Blöße zu bedecken. Der arme Teufel dauerte mich von ganzer Seele. Obwohl mir selbst das Herz im Leibe fror, warf ich doch meinen Reisemantel über ihn.

Da erscholl eine Stimme vom Himmel, die dieses Liebeswerk herausstrich und mir zurief: »Hol mich der Teufel, mein Sohn, das soll dir nicht unvergolten bleiben!«

Ich ließ das gut sein und ritt weiter, bis Nacht und Dunkelheit mich überfielen. Nirgends war ein Dorf zu hören oder zu sehen. Das ganze Land lag unter Schnee; und ich wusste weder Weg noch Steg. Des Reitens müde stieg ich ab und band mein Pferd an einen dünnen Pfahl, der aus dem Schnee hervorragte. Zur Sicherheit nahm ich meine Pistolen unter den Arm, legte mich nicht weit davon in den Schnee und tat ein gesundes Schläfchen, von dem mir die Augen nicht eher wieder aufgingen, als bis es helllichter Tag war.

Wie groß war mein Erstaunen, als ich mich mitten in einem Dorf auf dem Kirchhof liegend fand. Mein Pferd war allerdings nirgends zu sehen. Da hörte ich es bald darauf irgendwo über mir. Als ich empor sah, entdeckte ich, dass es an den Wetterhahn des Kirchturms gebunden war und

von da herunterhing. Nun wusste ich, woran ich war. Das Dorf war die Nacht über ganz und gar eingeschneit gewesen; das Wetter hatte sich erst gegen Morgen gewendet, ich war im Schlaf, während der Schnee zusammenschmolz, sanft zu Boden gesunken.

Und was ich im Dunkeln für einen Zaunpfahl gehalten und woran ich mein Pferd gebunden hatte, das war das Kreuz oder der Wetterhahn des Kirchturms gewesen. Ohne mich lange zu bedenken, nahm ich eine meiner Pistolen, schoss nach dem Halfter, kam auf diese Art wieder glücklich an mein Pferd und setzte meine Reise fort.

Hierauf ging alles gut, bis ich nach Russland kam, wo es im Winter eben nicht Mode ist, zu Pferde zu reisen. Um mich nach den Landessitten zu richten, nahm ich also einen kleinen Rennschlitten mit einem einzelnen Pferd und fuhr wohlgemut auf St. Petersburg zu. Da bemerkte ich mitten in einem fürchterlichen Wald einen entsetzlichen Wolf mit aller Schnelligkeit des gefräßigsten Winterhungers hinter mir hersetzen.

Er holte mich bald ein und es war unmöglich, ihm zu entkommen. Mechanisch legte ich mich platt in den Schlitten nieder und ließ mein Pferd zu unserem beiderseitigen Besten ganz allein agieren. Was ich zwar vermutete, aber kaum zu hoffen wagte, das geschah unmittelbar: Der Wolf kümmerte sich nicht im mindesten um meine Wenigkeit, sondern sprang über mich hinweg, fiel wütend auf das Pferd und verschlang den ganzen Hinterteil des armen Tieres, das vor Schrecken und Schmerz nur desto schneller lief.

Wie ich nun selbst so unbemerkt und gut davon gekommen war, erhob ich ganz verstohlen mein Gesicht und nahm mit Entsetzen wahr, dass der Wolf sich über und über in das Pferd hineingefressen hatte. Kaum aber hatte er sich so hübsch hineingezwängt, so fiel ich ihm tüchtig mit meiner Peitsche auf das Fell. Solch ein unerwarteter Überfall verursachte ihm keinen geringen Schreck; er strebte mit

aller Macht vorwärts, und anstatt des Pferdes steckte nun mein Wolf in dem Geschirr. Ich hörte also noch weniger auf zu peitschen, und wir langten in vollem Galopp gesund und wohlbehalten in St. Petersburg an, ganz gegen unsere beiderseitigen Erwartungen, und zu nicht geringem Erstaunen der Zuschauer.

Ich will Sie, meine Herren, nicht mit dem Geschwätz von der Verfassung, den Künsten und Wissenschaften und anderen Merkwürdigkeiten dieser prächtigen Hauptstadt Russlands langweilen; auch nicht mit den Intrigen und lustigen Abenteuern der Gesellschaften, wo die Frau des Hauses den Gast allzeit mit einem Schnaps und einem Schmatz empfängt. Ich halte mich vielmehr an Pferde und Hunde, an Füchse, Wölfe und Bären, wovon Russland mehr als irgendein Land auf Erden hat; endlich an Lustpartien, Ritterübungen und Taten, die den Edelmann besser kleiden als muffiges Griechisch und Latein oder die Riechsächelchen, Klunker und Kapriolen französischer Schöngeister und Haarkräuseler.

Da es einige Zeit dauerte, bevor ich bei der Armee angestellt werden konnte, so hatte ich ein paar Monate lang vollkommene Muße und Freiheit, meine Zeit und mein Geld auf die adligste Art zu verjubeln. Eines Morgens sah ich durch das Fenster meines Schlafgemachs, dass ein großer Teich nicht weit davon mit wilden Enten gleichsam überdeckt war. Flugs nahm ich mein Gewehr aus dem Winkel, sprang zur Treppe hinab, und zwar so Hals über Kopf, dass ich dabei mit dem Gesicht gegen die Türpfosten rannte. Feuer und Funken stoben mir aus den Augen; aber das hielt mich keinen Augenblick zurück. Ich kam bald zum Schuss; allein wie ich anlegte, wurde ich gewahr, dass durch den soeben empfangenen heftigen Stoß sogar der Stein vom Flintenhahn abgesprungen war. Was sollte ich nun tun? Zeit war hier nicht zu verlieren. Glücklicherweise fiel mir ein, was sich gerade mit meinen Augen zugetragen hatte. Ich riss also die Pfanne auf, legte mein Gewehr gegen das wilde Geflügel an und ballte die Faust gegen eines meiner Augen. Von dem derben Schlag flogen wieder Funken heraus, der Schuss ging los, und ich traf fünf Enten, vier Rothälse und ein Paar Wasserhühner. Gegenwart des Geistes ist die Seele mannhafter Taten. Wenn Soldaten und Seeleute dadurch glücklich davonkommen, so dankt der Waidmann ihr nicht seltener sein Glück.

So schwammen einst auf einem Landsee einige Dutzend wilder Enten allzu weit von einander zerstreut umher, als dass ich auf einen Schuss mehr als eine zu erlegen hoffen

konnte; und zum Unglück hatte ich schon meinen letzten Schuss in der Flinte. Doch hätte ich sie gern alle gehabt, weil ich nächstens eine ganze Menge guter Freunde bei mir bewirten wollte.

Da besann ich mich auf ein Stück Schinkenspeck, das von meinem Mundvorrat in meiner Jagdtasche übrig geblieben war. Dieses befestigte ich an eine lange Hundeleine, die ich aufdröselte und so noch um viermal verlängerte. Nun verbarg ich mich am Ufer im Schilfgesträuch, warf den Speckbrocken aus und sah mit Vergnügen, wie die nächste Ente hurtig herbeischwamm und ihn verschlang. Da ihr alle übrigen folgten und der glatte Brocken am Faden gar bald unverdaut hinten wieder aus ihr herauskam, so verschlang ihn die nächste und so immer weiter. Kurz: der Brocken machte die Reise durch alle Enten hindurch, ohne von seinem Faden loszureißen. So hingen sie denn alle daran wie Perlen an der Schnur.

Ich zog sie ans Land, schlang mir die Schnur ein halbes dutzend Mal um Schultern und Leib und ging meines Weges nach Hause zu. Da ich noch ziemlich weit davon entfernt war und mir die Last so vieler Enten ziemlich beschwerlich fiel, tat es mir fast leid , so viele eingefangen zu haben. Da kam mir aber ein seltsamer Vorfall zustatten, der mich anfangs in nicht geringe Verlegenheit setzte. Die Enten fingen nämlich an, als sie sich von der ersten Bestürzung erholt hatten, gar mächtig mit den Flügeln zu schlagen und sich mit mir in die Luft zu erheben.

Nun wäre bei manchem wohl guter Rat teuer gewesen. Allein ich benutzte den Umstand, so gut ich konnte, zu meinem Vorteil, und ruderte mich mit meinen Rockschößen nach meiner Behausung durch die Luft. Als ich gerade über meiner Wohnung war und es darauf ankam, ohne Schaden herunter zu kommen, drückte ich einer Ente nach der

anderen den Hals zu und sank dadurch ganz allmählich durch den Schornstein meines Hauses mitten auf den Küchenherd, auf dem zum Glück noch kein Feuer angezündet war, zu nicht geringem Erstaunen meines Kochs. – Wie gesagt, man muss sich nur zu helfen wissen.

Zufall und gutes Glück machen oft manchen Fehler wieder gut. Bald danach sah ich mitten im tiefsten Wald einen wilden Frischling und eine Bache dicht hintereinander hertraben. Meine Kugel hatte gefehlt, und der Frischling vorn lief ganz allein weg, die Bache jedoch blieb stehen, als ob sie am Boden festgenagelt wäre. Wie ich sie näher untersuchte, fand ich, dass es eine blinde Bache war, die ihres Frischlings Schwänzlein im Rachen hielt, um von ihm aus kindlicher Pflicht geleitet zu werden. Da nun meine Kugel zwischen beiden hindurchgefahren war, so hatte sie diesen Leitzaum zerrissen, wovon die alte Bache das Ende noch immer kaute. Da ihr Leiter sie nicht weiter vorwärts gezogen hatte, so war sie stehen geblieben. Ich ergriff daher das übriggebliebene Ende des Schwanzes und leitete das hilflose Tier ohne Mühe und Widerstand nach Hause.

So fürchterlich wilde Bachen oft sind, so sind die Keiler doch weit grausamer und gefährlicher. Ich traf einst einen im Wald, als ich unglücklicherweise weder auf Angriff noch Verteidigung gefasst war. Mit knapper Not konnte ich noch hinter einen Baum schlüpfen, als das wütende Tier aus Leibeskräften einen Seitenhieb nach mir tat. Dabei fuhren seine Hauer so tief in den Baum hinein, dass er weder imstande war, sie wieder heraus zu ziehen, noch den Hieb zu wiederholen. „Ha, ha!" dachte ich, „nun wollen wir dich bald kriegen!" Flugs nahm ich einen Stein, hämmerte noch vollends damit drauf los und nietete seine Hauer so um, dass er ganz und gar nicht wieder loskommen konnte. So musste er sich gedulden, bis ich vom nächsten Dorf Karren und Stricke herbei geholt hatte, um ihn lebendig und wohlbehalten nach Hause zu schaffen.

Sie haben, meine Herren, sicher von dem Heiligen und Schutzpatron der Waidmänner, St. Hubert, und von dem stattlichen Hirsch gehört, der ihm einst im Wald begegnete und das heilige Kreuz zwischen seinem Geweih trug.

Diesem Heiligen habe ich alle Jahre mein Opfer dargebracht, und den Hirsch wohl tausendmal in Kirchen gemalt gesehen, sodass ich kaum zu sagen weiß, ob es nicht vor Zeiten solche Kreuzhirsche gegeben habe oder gar noch heutigen Tages gebe. Doch lassen Sie sich erzählen, was ich mit eigenen Augen sah. Einst, als ich all mein Blei verschossen hatte, stieß mir ganz unvermutet der stattlichste Hirsch von der Welt auf. Er blickte mir so mir nichts, dir nichts ins Auge, als ob er gewusst hätte, dass mein Beutel leer war. Augenblicklich lud ich meine Flinte mit Pulver und darüber eine Hand voll Kirschsteine und gab ihm die volle Ladung mitten auf die Stirn zwischen das Geweih. Der Schuss betäubte ihn zwar, er taumelte, machte sich aber doch aus dem Staube. Ein oder zwei Jahre danach war ich in demselben Wald auf der Jagd und siehe! Zum Vorschein kam ein stattlicher Hirsch mit einem vollausgewachsenen Kirschbaum, mehr denn zehn Fuß hoch, zwischen seinem Geweih. Mir fiel gleich mein voriges Abenteuer wieder ein; ich betrachtete den Hirsch als mein wohl erworbenes Eigentum und legte ihn mit einem Schuss zu Boden, wodurch ich auf einmal an Braten und Kirschsoße zugleich geriet. Denn der Baum hing reichlich voller Früchte, die ich in meinem ganzen Leben nicht so delikat gegessen hatte. Wer kann wohl sagen, ob nicht irgendein passionierter heiliger Waidmann, ein jagdlustiger Abt oder Bischof, das Kreuz auf eine ähnliche Art durch einen Schuss auf Sankt Huberts Hirsch zwischen das Gehörn gepflanzt habe? Denn diese Herren waren wegen ihres Kreuz- und Hörnerpflanzens berühmt, und sind es zum Teil bis auf den heutigen Tag. Im Falle der Not greift der brave Waidmann

lieber wer weiß wozu und versucht alles, als dass er sich die günstige Gelegenheit entwischen lässt.

Bald darauf lief in einem engen Gässchen zu St. Petersburg ein tollwütiger Hund gegen mich an. „Lauf was du kannst!" dachte ich. Um besser fortzukommen, warf ich meinen Überrock ab und rettete mich geschwind ins Haus. Den Rock ließ ich hernach durch meinen Bedienten hereinholen und zu den anderen Kleidern in die Garderobe hängen. Tags darauf geriet ich in einen gewaltigen Schrecken durch meines Johanns Geschrei: „Herr Gott, Herr Baron, ihr Überrock ist toll!"

Ich sprang zu ihm hinauf und fand fast alle meine Kleider umhergezerrt und zu Stücken zerrissen. Der Kerl hatte es auf ein Haar getroffen, dass der Überrock toll sei. Ich kam gerade noch dazu, wie er über ein schönes, neues Gallakleid herfiel und es auf unbarmherzige Weise zerschüttelte und umherzauste.

Einen meiner Lieblingshunde muss ich noch erwähnen. Das Tierchen war ein Windspiel. Mein Leben lang hatte oder sah ich kein besseres. Es wurde alt in meinem Dienst und war vor allem wegen seiner außerordentlichen Schnelligkeit merkwürdig. Mit diesem Hund jagte ich Jahr aus Jahr ein. Hätten die Herren ihn gesehen, so würden sie ihn gewiss bewundert haben. Er lief so schnell, so oft und so lange in meinem Dienst, dass er sich die Beine ganz bis dicht unterm Leib weglief und ich ihn in seiner letzten Lebenszeit nur noch als Dachssucher gebrauchen konnte, womit er mir ebenfalls noch manch liebes

Jahr diente. Noch als Windspiel – es war übrigens eine Hündin – setzte sie einst hinter einem Hasen her, der mir ganz ungewöhnlich dick vorkam. Es tat mir leid um meine arme Hündin; denn sie war mit Jungen trächtig, und wollte doch noch ebenso schnell laufen wie sonst. Nur in weiter Entfernung konnte ich zu Pferde nachfolgen. Auf einmal hörte ich ein Gekläff, wie von einer ganzen Horde Hunde, allein so schwach und zart, dass ich nicht wusste, was ich davon halten sollte. Wie ich näher kam, sah ich mein himmelblaues Wunder. Die Häsin hatte im Laufen gesetzt, und meine Hündin geworfen; und zwar jene gerade eben so viel junge Hasen, als diese junge Hunde. Instinktiv hatten jene die Flucht ergriffen, diese aber nicht nur gejagt, sondern auch gefangen. Dadurch gelangte ich am Ende der Jagd zu sechs Hasen und Hunden, obwohl ich nur mit einem einzigen angefangen hatte.

Ich gedenke dieser wunderbaren Hündin mit dem gleichen Vergnügen, wie jenes litauischen Pferdes, das nicht mit Geld zu bezahlen war. Dies bekam ich durch ein Ereignis, das mir Gelegenheit gab, meine Reitkunst zu meinem nicht geringen Ruhm zu zeigen. Ich war nämlich einst auf dem prächtigen Landsitz des Grafen Przobofsky in Litauen und blieb im Staatszimmer bei den Damen zum Tee, während die Herren hinunter in den Hof gingen, um ein junges Pferd von Geblüt zu besehen, das soeben aus der Stuterei angelangt war. Plötzlich hörten wir einen Notschrei. Ich eilte die Treppe hinab und fand das Pferd so wild und unbändig, dass niemand wagte, sich ihm zu nähern oder es zu besteigen. Bestürzt und verwirrt standen die Reiter da; Angst und Besorgnis schwebte auf allen Gesichtern, als ich mit einem einzigen Sprung auf seinem Rücken saß und das Pferd durch diese Überraschung nicht nur in Schrecken setzte, sondern es auch durch meine Reiterkünste gänzlich zu Ruhe und Gehorsam brachte.

Um dies den Damen noch besser zu zeigen und ihnen alle Besorgnis zu ersparen, zwang ich den Gaul, durch eins der offenen Fenster des Teezimmers mit mir hineinzusetzen. Hier ritt ich nun bald Schritt, bald Trott, bald Galopp herum, setzte endlich sogar auf den Teetisch und machte da im Kleinen überaus artig die ganze Schule durch, worüber sich denn die Damen ganz ausnehmend ergötzten. Mein Rösschen machte alles bewundernswürdig geschickt, dass es weder Kannen noch Tassen zerbrach.

Dies setzte mich bei den Damen und dem Herrn Grafen so hoch in Gunst, dass er mich mit seiner gewöhnlichen Höflichkeit bat, das junge Pferd von ihm zum Geschenk anzunehmen, und damit in dem Feldzug gegen die Türken, der in kurzem unter Führung von Graf Münnich eröffnet werden sollte, auf Sieg und Eroberung auszureiten. Ein angenehmeres Geschenk hätte mir nicht gemacht werden können, besonders da es mir so viel Gutes von einem Feldzug verhieß, in dem ich mein erstes Probestück als Soldat ablegen wollte. Ein Pferd, so gefügig, mutig und feurig – Lamm und Streitross zugleich – musste mich allezeit an die Pflichten eines braven Soldaten und an die erstaunlichen Taten erinnern, die der junge Alexander der Große verrichtet hatte.

Wir zogen unter anderem auch in der Absicht zu Felde, die Ehre der russischen Waffen, die im Feldzug unter Zar Peter dem Großen am Pruth ein wenig gelitten hatte, wieder herzustellen. Dieses gelang uns auch durch verschiedene Feldzüge unter Führung des großen Feldherrn, den ich vorhin erwähnte.

Die Bescheidenheit verbietet es einem von niedrigerem Rang, sich große Taten und Siege zuzuschreiben, deren Ruhm gemeinhin den Anführern, ungeachtet ihrer Alltagsqualitäten, ja sogar Königen und Königinnen zugeschrieben wird, die niemals mehr als Musterungspulver rochen, außer ihren Lustlagern nie ein Schlachtfeld und außer ihren Wachtparaden nie ein Heer in Schlachtordnung erblickten.

Ich erhebe also keinen besonderen Anspruch an die Ehre von unseren größeren Affären mit dem Feind. Wir taten unsere Schuldigkeit, – in der Sprache des braven Mannes ein viel umfassender Ausdruck –, obgleich der große Haufen müßiger Kannengießer sich nur einen ärmlichen Begriff davon machen mag. Da ein Korps Husaren unter meinem Kommando standen, ging ich auf verschiedene Expeditionen aus, deren Erfolg meiner eigenen Klugheit und Tapferkeit überlassen war und den ich mit gutem Fug mir und den braven Gefährten zuschreiben kann, die ich zu Sieg und Eroberung führte.

Einst, als wir die Türken in die ukrainische Hafenstadt Otschakiw hineintrieben, ging es bei der Vorhut sehr heiß her. Mein feuriger Litauer hätte mich beinahe in Teufels Küche gebracht. Ich hatte einen entfernten Vorposten und sah den Feind in einer Wolke von Staub gegen mich anrücken, wodurch ich über seine Anzahl und Absicht gänzlich in Ungewissheit blieb. Mich in eine ähnliche Staubwolke einzuhüllen hätte mich aber wenig klüger gemacht und der Absicht näher gebracht, warum ich vorausgeschickt war. Ich ließ meine Flanken zur linken und rechten daher sich auf beiden Flügeln zerstreuen und so viel Staub aufwirbeln, als sie nur konnten. Ich selbst aber ging gerade auf den Feind los, um ihn näher in Augenschein zu nehmen. Dies gelang mir. Denn er stand und focht nur so lange, bis ihn die Furcht vor meinen Flanqueurs in Unordnung zurücktrieb.

Nun war es Zeit, tapfer über ihn herzufallen. Weil nun mein Litauer so außerordentlich geschwind war, so war ich der Vorderste beim Nachsetzen, und da ich sah, dass der Feind zum gegenseitigen Tor wieder hinausfloh, hielt ich es für ratsam, auf dem Marktplatz anzuhalten und zum Rendezvous blasen zu lassen. Ich hielt an, aber stellt euch mein Erstaunen vor, als ich weder Trompeter noch irgendeine lebende Seele von meinen Husaren um mich sah.

„Sprengen sie etwa durch andere Straßen? Oder was ist aus ihnen geworden?" dachte ich. Sie konnten meiner Meinung nach unmöglich fern sein und mussten mich bald einholen. In dieser Erwartung ritt ich meinen atemlosen Litauer zu einem Brunnen auf dem Marktplatz und ließ ihn trinken. Er soff ganz unmäßig und mit einem Heißdurst, der gar nicht zu löschen war. Allein das ging ganz natürlich zu. Denn als ich mich nach meinen Leuten umsah, was meint Ihr wohl, Ihr Herren, was ich da erblickte? Der ganze Hinterteil des armen Tieres, Kreuz und Lenden waren fort, wie rein abgeschnitten. So lief denn hinten das Wasser eben so wieder heraus, wie es vorne hineingekommen war, ohne dass es dem Gaul zugute kam oder ihn erfrischte.

Wie das zugegangen war, blieb mir ein Rätsel, bis ich zum Stadttor zurückritt. Da sah ich nun, dass man, als ich zusammen mit dem fliehenden Feind eingedrungen war, das Schutzgatter fallen gelassen hatte, wodurch der Hinterteil, der noch zuckend an der Außenseite des Tores lag, abgeschlagen war. Der Verlust wäre unersetzlich gewesen, wenn nicht unser Schmied ein Mittel ausgesonnen hätte, beide Teile, solange sie noch warm waren, wieder zusammenzusetzen.

Er heftete sie nämlich mit jungen Lorbeer-Sprößlingen, die gerade bei der Hand waren, zusammen. Die Wunde heilte zu und es begab sich etwas, das nur einem so ruhm-

vollen Pferd begegnen konnte. Die Sprossen schlugen nämlich Wurzel in seinem Leib, wuchsen empor und wölbten über mir eine Laube, sodass ich hernach manchen ehrlichen Ritt im Schatten meiner und meines Rosses Lorbeeren tun konnte.

Eine andere kleine Ungelegenheit dieser Affäre will ich nur beiläufig erwähnen. Ich hatte so heftig, so lange und unermüdlich auf den Feind losgehauen, dass mein Arm in eine unwillkürliche Bewegung des Hauens geraten war, als der Feind schon längst über alle Berge war. Um nicht mich selbst oder meine Leute für nichts und wieder nichts zu prügeln, musste ich meinen Arm acht Tage lang in der Binde tragen, gerade als wäre er mir halb abgehauen worden.

inem Mann, der einen Gaul wie meinen Litauer zu reiten vermochte, können Sie wohl auch noch ein anderes Reiterstückchen zutrauen, das ein wenig fabelhaft klingen mag. Wir belagerten nämlich eine Stadt, und dem Feldmarschall war viel an genauer Kundschaft gelegen, wie die Sachen in der Festung stünden. Es schien fast unmöglich, durch alle Vorposten, Wachen und Festungswerke hinein zu gelangen, auch war gerade kein tüchtiges Subjekt vorhanden, um so etwas erfolgreich auszuführen. Vor Mut und Diensteifer ein wenig allzu rasch, stellte ich mich neben eine der größten Kanonen, die gerade nach der Festung abgefeuert wurde, und sprang im Hui auf die Kugel in der Absicht, mich in die Festung hineintragen zu lassen.

Als ich aber halbwegs durch die Luft geritten war, gingen mir allerlei nicht unerhebliche Bedenken durch den Kopf. „Hm," dachte ich, „hinein kommst du wohl, aber wie hernach wieder heraus? Und wie wird es dir in der Festung ergehen? Man wird dich als Spion erkennen und an den nächsten Galgen hängen." Ein solches Bett der Ehren wollte ich mir denn doch verbitten.

Nach diesen und ähnlichen Betrachtungen entschloss ich mich kurzerhand, nahm die glückliche Gelegenheit wahr, als eine Kanonenkugel aus der feindlichen Festung einige

Schritte weit vor mir vorüber nach unserem Lager flog, sprang von meiner Kugel auf die andere hinüber und kam, zwar unverrichteter Dinge, jedoch wohlbehalten wieder bei den Unsrigen an.

So leicht und fertig ich im Springen war, so war es auch mein Pferd. Weder Graben noch Zäune hielten mich jemals ab, überall den geradesten Weg zu reiten. Einst setzte ich hinter einem Hasen her, der querfeldein über die Heerstraße lief. Eine Kutsche mit zwei schönen Damen fuhr gerade diesen Weg zwischen mir und dem Hasen vorbei. Mein Gaul setzte so schnell und ohne Anstoß mitten durch die offenen Fenster der Kutsche, dass ich kaum Zeit hatte, meinen Hut zu ziehen und die Damen wegen dieser Freiheit untertänigst um Verzeihung zu bitten.

Ein anderes Mal wollte ich über einen Morast setzen, der mir anfangs nicht so breit vorgekommen war, als ich ihn mitten im Sprunge erkannte. Noch in der Luft wendete ich daher wieder um, wo ich hergekommen war, um einen größeren Anlauf zu nehmen. Leider sprang ich auch zum zweiten Mal zu kurz und fiel nicht weit vom anderen Ufer bis an den Hals in den Morast. Hier wäre ich unweigerlich umgekommen, wenn nicht die Stärke meines eigenen Arms mich an meinem eigenen Haarzopf samt dem Pferd, das ich fest zwischen meine Knie schloss, wieder herausgezogen hätte.

rotz all meiner Tapferkeit und Klugheit, trotz meiner und meines Pferdes Schnelligkeit, Gewandtheit und Stärke ging es mir im Türkenkrieg doch nicht immer nach Wunsch. Ich hatte sogar das Unglück, durch die Menge übermannt und zum Kriegsgefangenen gemacht zu werden. Ja, was noch schlimmer, aber unter den Türken üblich war, ich wurde als Sklave verkauft. In diesem Stand der Demütigung war mein Tagewerk zwar nicht hart und sauer, aber doch seltsam und verdrießlich. Ich musste nämlich des Sultans Bienen alle Morgen auf die Weide treiben, sie den ganzen Tag lang hüten und gegen Abend wieder zurück in ihre Stöcke treiben. Eines Abends vermisste ich eine Biene, wurde aber sogleich gewahr, dass zwei Bären sie angefallen hatten und ihres Honigs wegen in Stücke reißen wollten. Da ich nun nichts anderes waffenähnliches in Händen hatte als die silberne Axt, die das Kennzeichen der Gärtner und Landarbeiter des Sultans ist, so warf ich diese nach den beiden Räubern in der Absicht,

sie wegzuscheuchen. Die arme Biene setzte ich dadurch auch wirklich in Freiheit, doch durch den allzu starken Schwung meines Armes flog die Axt in die Höhe und hörte nicht auf zu fliegen, bis sie im Mond niederfiel.

Wie sollte ich sie nun wieder kriegen? Mit der Leiter sie auf die Erde herunterholen? Da fiel mir ein, dass die türkischen Bohnen sehr geschwind und zu einer ganz erstaunlichen Höhe emporwüchsen. Augenblicklich

pflanzte ich also eine Bohne, die wirklich emporwuchs und sich an eines der Hörner des Mondes rankte. Nun kletterte ich zum Mond empor, wo ich auch glücklich anlangte.

Es war ein mühseliges Stück Arbeit, die silberne Axt an einem Ort wiederzufinden, wo alles andere gleichfalls wie Silber glänzte. Endlich aber fand ich sie auf einem Strohhaufen und wollte wieder zurückkehren, aber ach! Die Sonnenhitze hatte indessen meine Bohne ausgetrocknet, sodass daran nicht wieder herabzusteigen war. Was war zu tun? Ich flocht mir einen Strick von dem Stroh, so lang ich ihn nur immer machen konnte. Diesen befestigte ich an einem Horn des Mondes und ließ mich daran herunter. Mit der linken Hand hielt ich mich fest und in der rechten führte ich meine Axt. Sowie ich nun eine Strecke hinuntergeglitten war, so hieb ich immer das überflüssige Stück über mir ab und knüpfte es unten wieder an, wodurch ich ziemlich weit herunter gelangte.

Das wiederholte Abhauen und Anknüpfen machte den Strick nun freilich nicht gerade besser.

Ich mochte noch ein paar Meilen über dem Landgut des Sultans droben in den Wolken sein, als mein Strick zerriss und ich mit solcher Heftigkeit auf Gottes Erdboden fiel, dass ich davon ganz betäubt wurde.

Durch die Schwere meines von solcher Höhe herabfallenden Körpers fiel ich wenigstens neun Klafter tief in die Erde hinein. Ich erholte mich zwar wieder, wusste aber nicht, wie ich wieder herauskommen sollte.

Allein was tut man nicht in der Not?

Ich grub mir mit meinen Fingernägeln, die ich damals seit vierzig Jahren hatte wachsen lassen, eine Art Treppe durch das Erdreich und förderte mich dadurch wieder glücklich ans Tageslicht.

Nicht lange danach schlossen die Russen mit den Türken Frieden und ich wurde nebst anderen Kriegsgefangenen wieder nach Sankt Petersburg ausgeliefert. Ich nahm aber meinen Abschied und verließ Russland. Es herrschte damals über ganz Europa ein so außerordentlich strenger Winter, dass die Sonne einen Frostschaden erlitten haben muss, woran sie bis auf den heutigen Tag leidet. Ich empfand daher auf der Rückreise in mein Vaterland weit größeres Ungemach, als ich auf der Hinreise nach Russland erfahren hatte.

Weil mein Litauer in der Türkei geblieben war, musste ich mit der Post reisen. Als es sich nun fügte, dass wir an einen engen Hohlweg zwischen hohen Dornhecken kamen, erinnerte ich den Postillion, mit seinem Horn ein Zeichen zu geben, damit wir nicht etwa mit einem entgegenkommenden Fuhrwerk zusammenstoßen möchten. Er setzte an und blies aus Leibeskräften in das Horn, aber nicht ein einziger Ton kam heraus, was uns ganz unerklärlich und in der Tat als rechtes Unglück zu achten war, da bald eine uns entgegenkommende Kutsche auf uns stieß, vor der nicht vorbeizukommen war.

Also sprang ich aus meinem Wagen und spannte die Pferde aus. Hierauf nahm ich den Wagen mit den vier Rädern und allem Gepäck auf meine Schultern und sprang damit über Ufer und Hecke ungefähr neun Fuß hoch, was mit der schweren Kutsche eben keine Kleinigkeit war, auf das Feld hinüber. Durch einen anderen Rücksprung gelangte ich hinter der fremden Kutsche wieder auf den Weg. Darauf eilte ich zurück zu unseren Pferden, nahm eines unter jeden Arm und holte sie auf die gleiche Art herbei, ließ wieder anspannen und gelangte glück-lich am Ende der Station zur Her-berge.

In der Her-berge hängte der Postillion sein Horn an einen Nagel beim Küchenfeuer, und ich setzte mich ihm gegenüber. Nun hört, ihr Herren, was geschah! Auf einmal ging es: Tereng! Tereng, teng, teng!

Wir machten große Augen und fanden nun die Ursache, warum der Postillion sein Horn nicht hatte blasen können: Die Töne waren in dem Horn festgefroren und kamen nun,

während sie nach und nach auftauten, hell und klar zu nicht geringer Ehre des Fuhrmanns heraus. Denn das Horn unterhielt uns nun eine ziemliche Zeit lang mit der herrlichsten Modulation, ohne das ein Mund das Horn blies. Da hörten wir den preußischen Marsch und die schönsten Volkslieder – „Ohne Lieb' und ohne Wein" – „Als ich auf meiner Bleiche ein Stückchen Garn begoss" – „Gestern Abend war Vetter Michel da" – und nebst vielen anderen Stücken schließlich das Abendlied „Nun ruhen alle Wälder". Mit diesem endete dieser Auftau-Spaß, so wie ich hiermit meine russische Reisegeschichte beende.

Manche Reisende behaupten bisweilen mehr, als genau genommen wahr sein kann. Daher ist es kein Wunder, wenn Leser oder Zuhörer ein wenig zum Unglauben neigen. Sollten einige an meiner Wahrhaftigkeit zweifeln, so muss ich sie wegen ihrer Ungläubigkeit herzlich bemitleiden und sie bitten, sich lieber zu entfernen, ehe ich meine Schiffs-Abenteuer beginne, die fast noch wunderbarer, aber doch eben so authentisch sind.

O.Herrfurth

Des Freiherrn von Münchhausen See-Abenteuer

Im Jahr 1766 schiffte ich mich an der englischen Südküste zu Portsmouth auf einem englischen Kriegsschiff erster Ordnung, mit hundert Kanonen und vierzehnhundert Mann nach Nordamerika ein. Ich könnte hier zwar noch allerlei erzählen, was mir in England begegnet ist; ich spare es mir aber auf ein anderes Mal auf. Eins jedoch will ich nur noch im Vorbeigehen mitnehmen. Ich hatte das Vergnügen, den König mit großem Pomp in seinem Staatswagen zum Parlament fahren zu sehen. Ein Kutscher mit einem ungemein respektablen Bart, in den das englische Wappen sauber geschnitten war, saß gravitätisch auf dem Bock und malte zu Ehren des Königs mit seiner Peitsche in die Luft die deutliche Form eines kunstvollen ‚George Rex".

Auf unserer Seereise erlebten wir nichts Merkwürdiges, bis wir vor Kanada und den Vereinigten Staaten ungefähr noch dreihundert Meilen von dem Sankt-Lorenz-Strom entfernt waren. Hier stieß das Schiff mit erstaunlicher Gewalt gegen etwas an, das uns wie ein Fels vorkam. Trotzdem konnten wir, als wir das Senkblei auswarfen, mit fünfhundert Klaftern noch keinen Grund finden. Was diesen Vorfall noch wunderbarer und beinahe unbegreiflich machte, war, dass wir unser Steuerruder verloren, der Bugspriet mitten entzweibrach und alle unsere Masten von oben bis unten zersplitterten, wobei auch zwei über Bord stoben.

Ein armer Teufel, der gerade oben das Hauptsegel beilegte, flog wenigstens drei Meilen weit vom Schiff weg, ehe er ins Wasser fiel. Er rettete jedoch dadurch glücklich sein Leben, dass er in der Luft den Schwanz einer Möwe ergriff, was nicht nur seinen Sturz ins Wasser milderte, sondern ihm auch Gelegenheit gab, auf ihrem Rücken, oder vielmehr zwischen Hals und Fittichen, so lange zu schwimmen, bis er wieder an Bord genommen werden konnte.

Ein anderer Beweis von der Gewalt des Stoßes war, dass alles Volk zwischen den Verdecken gegen die Decke emporgeworfen wurde. Mein Kopf wurde dadurch ganz in den Magen hinabgepufft, und es dauerte einige Monate, ehe er seine natürliche Stellung wieder bekam.

Noch befanden wir uns insgesamt in einem Zustand des Erstaunens und einer unbeschreiblichen Verwirrung, als sich alles durch Erscheinung eines großen Walfisches aufklärte, der sich an der Oberfläche des Wassers gesonnt hatte und dabei eingeschlafen war. Dies Ungeheuer war so verärgert, dass wir es mit unserem Schiff

gestört hatten, dass es mit seinem Schwanz die Galerie und einen Teil des Oberdecks einschlug, den Hauptanker, der am Steuer aufgewunden war, zwischen seine Zähne packte, und wenigstens sechzig Meilen weit, sechs Meilen pro Stunde, mit unserem Schiff davoneilte. Gott weiß, wohin wir gezogen worden wären, wenn nicht glücklicherweise das Ankertau zerrissen wäre, wodurch der Walfisch unser Schiff, wir aber unseren Anker verloren. Als wir aber sechs Monate später wieder nach Europa zurücksegelten, fanden wir denselben Walfisch wenige Meilen von eben der Stelle entfernt tot auf dem Wasser schwimmen, und er maß der Länge nach ungelogen wenigstens eine halbe Meile. Da wir nun von einem so ungeheuren Tier nur wenig an Bord nehmen konnten, so setzten wir unsere Boote aus, schnitten ihm mit großer Mühe den Kopf ab, und fanden zu unserer großen Freude nicht nur unseren Anker, sondern auch über vierzig Klafter Tau, das auf der linken Seite seines Mauls in einem hohlen Zahne steckte. Dies war der einzige besondere Umstand, der sich auf dieser Reise zutrug.

Doch halt! Eines hätte ich beinahe vergessen. Als der Walfisch nämlich das erste Mal mit dem Schiff davon schwamm, bekam das Schiff ein Leck, und das Wasser drang so heftig herein, dass alle Pumpen uns keine halbe Stunde vor dem Sinken hätten bewahren können. Zum Glück entdeckte ich das Unheil zuerst. Es war ein großes Loch, ungefähr einen Fuß im Durchmesser. Auf allerlei Weise versuchte ich, das Loch zu stopfen, alles umsonst. Endlich rettete ich das schöne Schiff und seine Mannschaft durch den glücklichsten Einfall der Welt. Obgleich das Loch so groß war, so füllte ich es doch mit meinem Lieballerwertesten aus, ohne meine Beinkleider abzuziehen. Sie werden sich darüber nicht wundern, meine Herren, wenn ich Ihnen erkläre, dass ich von mütterlicher und von väterlicher Seite von holländischen und westphälischen Vorfahren abstamme. Meine Situation war zwar, während ich auf der Brille saß, ein wenig kühl, doch wurde ich alsbald durch die Kunst des Zimmermannes erlöst.

Einst war ich in großer Gefahr, im mittelländischen Meer umzukommen. Ich badete an einem Sommernachmittag unweit Marseille in der angenehmen See, als ich einen großen Fisch mit weit aufgesperrtem Rachen in der größten Geschwindigkeit auf mich zuschießen sah. Zeit war hier nicht zu verlieren, auch war es unmöglich, ihm zu entkommen. Unverzüglich drückte ich mich so klein als möglich zusammen, indem ich meine Füße heraufzog und die Arme dicht an den Leib schloss. In dieser Stellung schlüpfte ich gerade zwischen seinen Kiefern hindurch bis in den Magen hinab. Hier brachte ich, wie man leicht denken kann, einige Zeit in gänzlicher Finsternis zu, aber doch in einer nicht unbehaglichen Wärme. Da ich ihm nach und nach Magendrücken verursachen mochte, so wäre er mich wohl gern wieder los gewesen.

Weil es mir gar nicht an Raum fehlte, so spielte ich ihm durch Tritt und Schritt, durch Hopp und He gar manchen Possen. Nichts schien ihn aber mehr zu beunruhigen als die schnelle Bewegung meiner Füße, da ich versuchte, einen schottischen Triller zu tanzen. Ganz entsetzlich schrie er auf und erhob sich fast senkrecht mit seinem halben Leib aus dem Wasser. Hierdurch ward er aber von einem vorbeisegelnden italienischen Handelsschiff entdeckt und in wenigen Minuten mit Harpunen erlegt.

Sobald er an Bord gebracht wurde, hörte ich das Volk sich beratschlagen, wie sie ihn aufschneiden wollten, um die größte Menge Öl von ihm zu gewinnen. Da ich Italienisch verstand, geriet ich in die schrecklichste Angst, ihre Messer könnten auch mich mit aufschneiden. Daher stellte ich mich so weit wie möglich in die Mitte des Magens, wo für mehr als ein Dutzend Mann Platz war, weil ich mir wohl denken konnte, dass sie mit den Extremitäten beginnen würden. Meine Furcht verschwand auch bald, da sie mit dem Unterleib anfingen.

Sobald ich ein wenig Licht schimmern sah, schrie ich ihnen aus voller Lunge entgegen, wie angenehm es wäre, die Herren zu sehen und durch sie aus einer Lage erlöst zu werden, in der ich beinahe erstickt wäre. Unmöglich lässt sich das Erstaunen auf den Gesichtern schildern, als sie eine Menschenstimme aus dem Fisch vernahmen. Ihr Erstaunen wuchs natürlicherweise noch mehr, als sie einen nackten Menschen herausspazieren sahen.

Kurz, ich erzählte ihnen die ganze Begebenheit, so wie ich sie Ihnen jetzt erzähle, meine Herren, worüber sich alle fast zu Tode verwunderten. Nachdem ich einige Erfrischungen zu mir genommen hatte und in die See gesprungen war, um mich abzuspülen, schwamm ich zurück zu meinen Kleidern, die ich auch am Ufer ebenso wiederfand, wie ich sie zurückgelassen hatte. So viel ich rechnen konnte, war ich ungefähr dreieinhalb Stunden im Magen des Fisches eingekerkert gewesen.

ls ich noch in türkischen Diensten stand, belustigte ich mich öfter in einer Lust-Barke auf dem Marmarameer, das Europa mit Asien verbindet und von wo aus man die herrlichste Aussicht auf ganz Konstantinopel hat, das Serail des Groß- Sultans eingeschlossen. Eines Morgens, als ich die Schönheit und Heiterkeit des Himmels betrachtete, bemerkte ich in der Luft ein rundes Ding, ungefähr so groß wie eine Billardkugel, von dem etwas anderes herunterhing.

Ich griff sogleich nach meiner besten und längsten Vogelflinte, ohne die ich niemals ausgehe oder reise, lud sie mit einer Kugel und feuerte nach dem runden Ding in der Luft; jedoch umsonst. Ich wiederholte den Schuss mit zwei Kugeln, richtete aber wieder nichts aus. Erst der dritte Schuss mit vier oder fünf Kugeln machte ein Loch in das Ding und brachte es herab.

Stellen Sie sich meine Verwunderung vor, als ein niedlich vergoldeter Wagen, hängend in einem ungeheuren Ballon, größer als die größte Turm-Kuppel, ungefähr zwei Klafter weit von meiner Barke entfernt heruntersank. In dem Wagen waren ein Mann und ein halbes Schaf, das gebraten zu sein schien. Sobald sich mein Erstaunen gelegt hatte, schloss ich mit meinen Leuten um diese seltsame Gruppe einen dichten Kreis.

Dem Mann, der wie ein Franzose aussah und auch einer war, hingen aus jeder Tasche ein Paar prächtige Uhrketten mit Schmuckstücken, auf denen große Herren und Damen abgebildet waren. Aus jedem Knopfloch hing ihm eine goldene Medaille, wenigstens hundert Dukaten wert, und an jedem Finger steckte ein kostbarer Ring mit Brillanten. Seine Rocktaschen waren voller Goldbörsen, die ihn fast zur Erde zogen. Mein Gott, dachte ich, der Mann muss dem menschlichen Geschlecht außerordentlich wichtige Dienste geleistet haben, dass die großen Herren und Damen ihn ganz wider ihre allgemeine Knicker-Natur so mit Geschenken beschweren konnten. Bei alledem befand er sich gegenwärtig von dem Fall so übel, dass er kaum im Stande war, ein Wort hervorzubringen.

Nach einiger Zeit erholte er sich und stattete mir folgenden Bericht ab. „Ich hatte zwar nicht Kopf genug, dieses Luftfuhrwerk selbst zu erfinden, dennoch aber die Luftspringer- und Seiltänzer-Waghalsigkeit, es zu besteigen und darauf mehrmals in die Luft zu fahren. Vor ungefähr sieben oder acht Tagen – ich habe meine Rechnung verloren – erhob ich mich damit von der Landspitze von Cornwall, dem Südwestzipfel Englands, und nahm ein Schaf mit, um von oben herab vor den Augen vieler tausend Gaffer Kunststücke vorzuführen. Unglücklicherweise drehte der Wind etwa zehn Minuten nach meinem Aufsteigen, und anstatt mich nach Exeter zu treiben, wo ich wieder landen

wollte, wurde ich auf die See hinaus getrieben, über der ich auch vermutlich die ganze Zeit in unermesslicher Höhe geschwebt habe. Es war gut, dass ich nicht zu meinem Kunststück mit dem Schaf kam. Denn am dritten Tag meiner Luftfahrt wurde mein Hunger so groß, dass ich mich genötigt sah, das Schaf zu schlachten.

Als ich nun unendlich hoch über dem Mond war und nach einer sechzehnstündigen noch weiteren Auffahrt endlich der Sonne so nahe kam, dass ich mir die Augenbrauen versengte, legte ich das tote Schaf abgehäutet an den Ort im Wagen, wo die Sonne die meiste Kraft hatte, mit anderen Worten, wo der Ballon keinen Schatten warf, sodass es in ungefähr drei Viertelstunden völlig gar briet. Von diesem Braten habe ich seither die ganze Zeit gelebt."

Hier hielt der Mann ein und schien sich in die Betrachtung der Gegenstände um ihn her zu vertiefen. Als ich ihm sagte, dass die Gebäude vor uns das Serail des Großherrn zu Konstantinopel wären, schien er außerordentlich bestürzt, da er sich ganz woanders zu befinden glaubte. „Die Ursache meines langen Fluges, fügte er endlich hinzu, war, dass mir ein Faden riss, der an einer Klappe in dem Luftball dazu diente, die heiße Luft herauszulassen. Wäre nicht auf den Ball gefeuert und er dadurch aufgerissen worden, so möchte er wohl bis an den jüngsten Tag zwischen Himmel und Erde geschwebt haben."

Den Wagen schenkte er hierauf großmütig meinem Bootsmann, der hinten am Steuer stand. Den Hammelbraten warf er ins Meer. Was aber den Luftball anlangte, so war der von dem Schaden, den ich ihm zugefügt hatte, im Herabfallen vollends zu Stücken zerrissen.

Da wir noch Zeit haben, meine Herren, eine frische Flasche auszutrinken, so will ich Ihnen noch eine andere sehr seltsame Begebenheit erzählen, die mir wenige Monate vor meiner letzten Rückreise nach Europa begegnete.

Der Großsultan, bei dem ich durch die Botschafter des kaiserlich-königlichen Österreich, Russlands und Frankreichs eingeführt worden war, bediente sich meiner, ein Geschäft von großer Wichtigkeit zu Großkairo zu betreiben, das zugleich so beschaffen war, dass es immer und ewig ein Geheimnis bleiben musste. Ich reiste mit großem Pomp und zahlreichem Gefolge auf dem Landweg ab.

Unterwegs hatte ich Gelegenheit, meine Dienerschaft mit einigen sehr brauchbaren Subjekten zu vermehren. Denn als ich kaum einige Meilen weit von Konstantinopel entfernt sein mochte, sah ich einen kleinlichen schmächtigen Menschen mit großer Schnelligkeit querfeldein daherlaufen, und gleichwohl trug das Männchen an jedem Bein ein bleiernes Gewicht, an die fünfzig Pfund schwer.

Verwundert über diesen Anblick rief ich ihn an und fragte: „Wohin, wohin so schnell, mein Freund? Und warum erschwerst du dir deinen Lauf durch eine solche Last?"

„Ich lief", versetzte der Läufer, „seit einer halben Stunde aus Wien, wo ich bisher bei einer vornehmen Herrschaft in Diensten stand und heute meinen Abschied nahm. Ich gedenke nach Konstantinopel zu reisen. Durch die Gewichte an meinen Beinen habe ich meine Schnelligkeit, die jetzt nicht nötig ist, ein wenig mindern wollen. Denn moderata durant – Das Maßvolle ist von Dauer –, pflegte weiland mein Lehrer zu sagen." Dieser Asahel gefiel mir nicht übel;

ich fragte ihn, ob er bei mir in Dienst treten wolle, und er war dazu bereit. Wir zogen hierauf weiter durch manche Stadt, manches Land. Nicht fern vom Weg auf einer schőnen Wiese lag mắuschenstill ein Kerl, als ob er schliefe.

„Was horchst du da, mein Freund?"

„Ich horche da zum Zeitvertreib auf das Gras, wie es wächst."

„Und kannst du das?"

„Oh, Kleinigkeit!"

„So tritt in meine Dienste, Freund, wer weiß, was es bisweilen nicht alles zu horchen geben kann."

Mein Kerl sprang auf und folgte mir.

Nicht weit davon auf einem kleinen Hügel stand mit angelegtem Gewehr ein Jäger und knallte in die blaue, leere Luft.

„Glück zu, Glück zu, Herr Waidmann! Doch wonach schießt du? Ich sehe nichts als blaue, leere Luft."

„Oh, ich versuchte nur dieses neue Kuchenreutersche Gewehr. Dort auf der Spitze des Münsters zu Straßburg saß ein Sperling. Den schoss ich eben jetzt herab."

Wer meine Passion für das edle Waid- und Schützenwerk kennt, den wird es nicht Wunder nehmen, dass ich dem vortrefflichen Schützen sogleich um den Hals fiel.

Dass ich nichts sparte, auch ihn in meine Dienste zu ziehen, versteht sich von selbst.

Wir zogen darauf weiter durch manche Stadt, durch manches Land, und kamen endlich an dem Berg Libanon vorbei. Daselbst stand vor einem großen Zedernwald ein derber, untersetzter Kerl und zog an einem Strick, der um den ganzen Wald herum geschlungen war.

„Was ziehst du da, mein Freund?“ fragte ich ihn.

„Oh, ich soll Bauholz holen und habe meine Axt zu Hause vergessen. Nun muss ich mir so gut helfen, wie es eben angehen will.“

Mit diesen Worten zog er in einem Ruck den ganzen Wald, rund eine Quadratmeile groß, wie einen Schilfbusch vor meinen Augen nieder. Was ich tat, das lässt sich raten. Ich hätte den Kerl nicht fahren lassen, und hätte er mich mein ganzes Gehalt als Botschafter des Großsultans gekostet.

Als wir hierauf weiterzogen und endlich auf ägyptischem Grund und Boden ankamen, erhob sich ein so ungeheurer Sturm, dass ich mit allen meinen Wagen, Pferden und Gefolge schier umgerissen und in die Luft davon geführt zu werden fürchtete. Zur linken Seite unseres Weges standen sieben Windmühlen in einer Reihe, deren Flügel so schnell um ihre Achsen schwirrten wie eine Spindel der schnellsten Spinnerin. Nicht weit davon zur Rechten stand ein Kerl, von Sir John Falstafs Korpulenz, und hielt sein rechtes Nasenloch mit seinem Zeigefinger zu. Sobald der Kerl unsere Not und uns so kümmerlich in diesem Sturm haspeln sah, drehte er sich halb um, machte Front gegen uns, und zog ehrerbietig, wie ein Musketier vor seinem Obersten, den Hut vor mir ab. Auf einmal regte sich kein Lüftchen mehr und alle sieben Windmühlen standen still.

Erstaunt über diesen Vorfall, der nicht natürlich zuzugehen schien, schrie ich dem Unhold zu: „Kerl, was ist das? Sitzt dir der Teufel im Leib, oder bist du der Teufel selbst?"

„Um Vergebung, Ihro Exzellenz!" antwortete mir der Mensch. „Ich mache da nur meinem Herrn, dem Windmüller, ein wenig Wind. Um nun die sieben Windmühlen nicht ganz und gar umzublasen, musste ich mir wohl das eine Nasenloch zuhalten."

„Ei, ein vortreffliches Subjekt", dachte ich in meinem stillen Sinn. „Der Kerl lässt sich gebrauchen, wenn du dereinst nach Hause kommst und es dir an Atem fehlt, alle die Wunderdinge zu erzählen, die dir auf deinen Reisen zu

Land und Wasser aufgestoßen sind." Wir wurden daher bald handelseinig. Der Windmacher ließ seine Mühlen stehen und folgte mir.

Nun war es auch Zeit, in Großkairo anzulangen. Sobald ich dort meinen Auftrag ausgerichtet hatte, gefiel es mir, mein ganzes unnützes Gesandten-Gefolge außer meinen neuangenommenen nützlicheren Subjekten zu verabschieden und mit diesen als bloßer Privatmann zurück zu reisen. Da das Wetter herrlich und der Nil über alle Beschreibung reizend war, so geriet ich in Versuchung, eine Barke zu mieten und bis Alexandrien zu Wasser zu reisen.

Das ging ganz vortrefflich, bis zum dritten Tag. Sie haben, meine Herren, vermutlich schon mehrmals von den jährlichen Überschwemmungen des Nils gehört. Am dritten Tag, wie gesagt, fing der Nil ganz unbändig an zu schwellen, und am folgenden Tag war links und rechts das ganze Land viele Meilen weit und breit überschwemmt. Am fünften Tag nach Sonnenuntergang verwickelte sich meine Barke auf einmal in etwas, das ich für Ranken und Strauchwerk hielt. Sobald es aber am nächsten Morgen heller ward, fand ich mich überall von Mandeln umgeben, die vollkommen reif und ganz vortrefflich waren.

Als wir das Senkblei auswarfen, fand sich, dass wir wenigstens sechzig Fuß hoch über dem Boden schwebten und weder vor- noch rückwärts konnten. Ungefähr gegen acht oder neun Uhr, soviel ich aus der Höhe der Sonne abnehmen konnte, erhob sich plötzlicher Wind, der unsere Barke ganz auf eine Seite legte. Hierdurch schöpfte sie Wasser, sank unter, und ich hörte und sah lange Zeit nichts wieder davon, wie Sie gleich vernehmen werden. Glücklicherweise retteten wir uns insgesamt, nämlich acht Männer und zwei Knaben, indem wir uns an den Bäumen festhielten, deren Zweige zwar für uns, allein nicht für die Last unserer Barke hinreichten.

In dieser Situation verblieben wir drei Wochen und drei Tage und lebten ganz allein von Mandeln. Dass es am Trunk nicht fehlte, versteht sich von selbst. Am zweiundzwanzigsten Tag unseres Unsterns fiel das Wasser wieder ebenso schnell, wie es gestiegen war; und am sechsundzwanzigsten konnten wir wieder auf Terra firma, auf dem Festland fußen. Unsere Barke war der erste angenehme Gegenstand, den wir erblickten. Sie lag ungefähr zweihundert Klafter weit von dem Ort, wo sie gesunken war.

Nachdem wir nun alles, was uns nötig und nützlich war, an der Sonne getrocknet hatten, so versahen wir uns mit den Notwendigkeiten aus unserem Schiffsvorrat und machten uns auf, unsere verlorene Straße wieder zu gewinnen. Nach der genauesten Berechnung fand sich, dass wir an die hundertundfünfzig Meilen weit über Gartenwände und mancherlei Gehege hinweggetrieben waren.

In sieben Tagen erreichten wir den Fluss, der nun wieder in seinem Bett strömte, und erzählten unser Abenteuer einem Bei. Liebreich half dieser allen unseren Bedürfnissen ab und schickte uns in einer von seinen eigenen Barken weiter. In ungefähr sechs Tagen langten wir in Alexandrien an, wo wir uns nach Konstantinopel einschifften.

Ich wurde vom Großherrn überaus gnädig empfangen und hatte die Ehre, seinen Harem zu sehen, wo mich seine Hoheit selbst hineinzuführen und so viele Damen anzubieten geruhten, als ich mir nur immer zu meinem Vergnügen auslesen wollte. Mit meinen Liebesabenteuern pflege ich nie groß zu tun, daher wünsche ich Ihnen, meine Herren, jetzt insgesamt eine angenehme Ruhe.

ach Beenden der ägyptischen Reisegeschichte wollte der Baron aufbrechen und zu Bett gehen, gerade als die erschlaffende Aufmerksamkeit der Zuhörer bei Erwähnung des Harems in neue Spannung geriet. Sie hätten zu gern noch etwas von dem Harem gehört. Da sich der Baron aber nicht darauf einlassen und dennoch die Bitten der Zuhörer nicht abschlagen wollte, so gab er noch einige Stückchen seiner merkwürdigen Dienerschaft zum Besten und fuhr also fort.

Der Großsultan bat mich jeden Mittag und Abend bei sich zum Essen, und ich muss bekennen, meine Herren, dass der türkische Kaiser den delikatesten Tisch führt.

Jedoch gilt dies nur von den Speisen, nicht aber von den Getränken, da Mohammeds Gesetz seinen Anhängern den Wein verbietet. Auf ein gutes Glas Wein muss man also an öffentlichen türkischen Tafeln verzichten. Was indessen nicht öffentlich geschieht, das geschieht doch nicht selten heimlich; und des Verbots ungeachtet weiß mancher Türke so gut wie der beste Deutsche, wie ein gutes Glas Wein schmeckt. Das war nun auch der Fall mit Seiner türkischen Hoheit. Bei der öffentlichen Tafel, an der gewöhnlich der türkische General-Superintendent, nämlich der Mufti mitspeiste und vor Tisch das „Aller Augen warten auf Dich, Herre! Und Du gibest ihnen ihre Speise zu seiner Zeit", nach Tisch aber das „Gratias" beten musste, wurde des Weines auch nicht mit einer einzigen Silbe gedacht.

Nach aufgehobener Tafel aber wartete auf Seine Hoheit gewöhnlich ein gutes Fläschchen im Kabinett. Einst gab der Großsultan mir einen verstohlenen, freundlichen Wink, ihm in sein Kabinett zu folgen. Als wir uns dort eingeschlossen hatten, holte er aus einem Schränkchen eine Flasche hervor und sprach: „Münchhausen, ich weiß, ihr Christen versteht euch auf ein gutes Glas Wein. Da habe ich noch ein einziges Fläschchen Tokajer. So delikat müsst ihr ihn in eurem Leben nicht getrunken haben." Hierauf schenkte Seine Hoheit sowohl mir als sich eins ein und stieß mit mir an. „Nun, was sagt Ihr? Gelt? Es ist was extra Feines!"

„Das Weinchen ist gut, Ihro Hoheit", erwiderte ich, „jedoch mit Ihrem Wohlnehmen muss ich sagen, dass ich ihn in Wien beim Hochseligen Kaiser Karl dem Sechsten weit besser getrunken habe. Potz Stern! Den sollten Ihro Hoheit einmal versuchen."

„Freund Münchhausen, Euer Wort in Ehren! Allein es ist unmöglich, dass irgend ein Tokajer besser sei. Denn ich bekam einst nur dieses eine Fläschchen von einem ungarischen Kavalier, und er tat ganz verzweifelt rar damit."

„Possen, Ihro Hoheit! Tokajer und Tokajer ist ein großmächtiger Unterschied. Die Herren Ungarn überschenken sich eben nicht. Was gilt die Wette, so schaffe ich Ihnen innerhalb einer Stunde geradewegs und unmittelbar aus dem kaiserlichen Keller eine Flasche Tokajer, die aus ganz anderen Augen sehen soll."

„Münchhausen, ich glaube, Ihr faselt."

„Ich fasele nicht. Geraden Weges aus dem kaiserlichen Keller in Wien schaffe ich Ihnen innerhalb einer Stunde eine Flasche Tokajer von einer ganz anderen Nummer als diesen Krätzer hier."

„Münchhausen, Münchhausen! Ihr wollt mich zum Besten haben, und das verbitte ich mir. Ich kenne euch zwar sonst als einen überaus wahrhaften Mann, allein jetzt sollte ich doch fast denken, Ihr flunkert."

„Ei nun, Ihro Hoheit! Es kommt ja auf die Probe an. Erfülle ich nicht mein Wort, – denn von allen Aufschneidereien bin ich der abgesagteste Feind – so lassen Ihro Hoheit mir den Kopf abschlagen. Allein mein Kopf ist kein Pappenstiel. Was setzen Sie mir dagegen?"

„Top! Ich halte Euch beim Wort. Ist auf den Schlag Vier nicht die Flasche Tokajer hier, so kostet es Euch ohne Barmherzigkeit den Kopf. Denn foppen lasse ich mich auch von meinen besten Freunden nicht. Besteht Ihr aber, wie Ihr versprecht, so könnt Ihr aus meiner Schatzkammer so viel an Gold, Silber, Perlen und Edelsteinen nehmen, wie der stärkste Kerl davon zu schleppen vermag."

„Das lässt sich hören!" antwortete ich, bat mir gleich Feder und Tinte aus und schrieb an die Kaiserin-Königin Maria Theresia folgende Nachricht: „Ihre Majestät haben unstreitig als Universal-Erbin auch Ihres Höchstseligen Herrn Vaters Keller geerbt. Dürfte ich mir wohl durch Vorzeigen dieses eine Flasche von dem Tokajer ausbitten, wie ich ihn bei Ihrem Herrn Vater oft getrunken habe? Allein von dem Besten! Denn es gilt eine Wette. Ich diene gern dafür wieder, wo ich kann, und beharre übrigens usw."

Das Schreiben gab ich, weil es schon fünf Minuten über drei Uhr war, sogleich offen meinem Läufer, der seine Gewichte abschnallen und sich unverzüglich auf die Beine nach Wien machen musste. Hierauf tranken wir, der Großsultan und ich, den Rest von seiner Flasche in Erwartung des besseren vollends aus.

Es schlug ein Viertel, es schlug Halb, es schlug drei Viertel auf Vier, und noch war kein Läufer zu hören und zu sehen. Langsam, gestehe ich, fing mir an, ein wenig schwül zu werden; denn es kam mir vor, als blickten Seine Hoheit schon bisweilen nach der Glockenschnur, um nach dem Scharfrichter zu klingeln.

Noch erhielt ich zwar Erlaubnis, einen Gang hinaus in den Garten zu tun, um frische Luft zu schöpfen, allein es folgten mir auch schon ein Paar dienstbare Geister nach, die mich nicht aus den Augen ließen. In dieser Angst, und als der Zeiger schon auf fünfundfünfzig Minuten stand, schickte ich geschwind nach meinem Horcher und dem Schützen. Sie kamen unverzüglich an, und der Horcher musste sich platt auf die Erde legen, um zu hören, ob nicht mein Läufer endlich ankäme. Zu meinem nicht geringen Schrecken meldete er mir, dass der Schlingel irgendwo, allein weit weg von hier, im tiefsten Schlaf liege und aus Leibeskräften schnarche.

Sobald dies mein braver Schütze gehört hatte, lief er auf eine etwas hohe Terrasse und rief, nachdem er sich auf seinen Zehen noch mehr emporgereckt hatte, hastig aus: „Bei meiner armen Seele! Da liegt der Faulenzer unter einer Eiche bei Belgrad und die Flasche neben ihm. Warte! Ich will dich aufkitzeln." Hiermit legte er unverzüglich seine Kuchenreutersche Flinte an den Kopf und schoss die volle Ladung oben in den Wipfel des Baumes. Ein Hagel von Eicheln, Zweigen und Blättern fiel herab auf den Schläfer, erweckte und brachte ihn, da er selbst fürchtete, die Zeit beinahe verschlafen zu haben, dermaßen geschwind auf die Beine, dass er mit seiner Flasche und einem eigenhändigen Brief von Maria Theresia genau eine halbe Minute vor vier Uhr vor des Sultans Kabinett anlangte.

Das war ein Gaudium! Ei, wie schlürfte das Großherrliche Leckermaul! „Münchhausen", sprach er, „Ihr müsst es mir nicht übel nehmen, wenn ich diese Flasche für mich

allein behalte. Ihr steht zu Wien besser als ich; Ihr werdet schon an noch mehr zu kommen wissen."

Hiermit schloss er die Flasche in sein Schränkchen, steckte den Schlüssel in die Hosentasche und klingelte nach dem Schatzmeister. – Oh, welch ein angenehmer Silberton in meinen Ohren!

„Ich muss Euch nun die Wette bezahlen. Hier!" sprach er zum Schatzmeister, der ins Zimmer trat, „lasst meinem Freunde Münchhausen so viel aus der Schatzkammer verabfolgen, als der stärkste Kerl wegzutragen vermag."

Der Schatzmeister neigte sich vor seinem Herrn bis mit der Nase zur Erde, mir aber schüttelte der Großsultan ganz treuherzig die Hand, und so ließ er uns beide gehen. Ich säumte nun, wie Sie denken können, meine Herren, keinen Augenblick, die Zahlungsanweisung einzulösen, ließ

meinen Starken mit seinem langen Hanfstrick kommen und verfügte mich in die Schatzkammer. Was da mein Starker, nachdem er sein Bündel geschnürt hatte, übrig ließ, das werden Sie wohl schwerlich holen wollen. Ich eilte mit meiner Beute geradewegs zum Hafen, nahm dort das größte Lastschiff, das zu bekommen war, in Beschlag, und ging wohlbepackt mit meiner ganzen Dienerschaft unter Segel, um meinen Fang in Sicherheit zu bringen, ehe etwas Widriges dazwischenkam.

Was ich befürchtet hatte, das geschah. Der Schatzmeister hatte Tür und Tor von der Schatzkammer offen gelassen – und freilich war es nicht mehr nötig, sie zu verschließen – war über Hals und Kopf zum Großsultan gelaufen und hatte ihm Bericht abgestattet, wie vollkommen wohl ich seine Zahlungsanweisung genutzt hatte.

Das war nun dem Großsultan nicht wenig vor den Kopf gefahren. Die Reue über seine Übereilung konnte nicht lange ausbleiben. Er hatte daher gleich dem Großadmiral befohlen, mit der ganzen Flotte hinter mir herzueilen, und mir zu erklären, dass wir so nicht gewettet hätten. Als ich daher noch nicht zwei Meilen weit in See war, so sah ich schon die ganze türkische Kriegsflotte mit vollen Segeln hinter mir herkommen, und ich muss gestehen, dass mein Kopf, der kaum wieder fest geworden war, nicht wenig von neuem anfing zu wackeln. Aber nun war mein Windmacher bei der Hand und sprach: „Lassen sich Ihro Exzellenz nicht bange sein!"

Er trat auf das Hinterverdeck meines Schiffes, sodass sein eines Nasenloch nach der türkischen Flotte, das andere aber auf unsere Segel gerichtet war, und blies eine so

hinlängliche Portion Wind, dass nicht nur die Flotte – an Masten, Segel- und Tauwerk gar übel zugerichtet – bis in den Hafen zurückgetrieben, sondern auch mein Schiff in wenigen Stunden glücklich nach Italien getrieben ward.

Von meinem Schatz kam mir jedoch wenig zugute. Denn in Italien ist Armut und Bettelei so groß und die Polizei so schlecht, dass ich erstens, weil ich vielleicht eine allzu gutwillige Seele bin, den größten Teil an die Straßenbettler ausspenden musste. Der Rest aber wurde mir auf meiner Reise nach Rom, auf der geheiligten Flur von Loretto, durch eine Bande Straßenräuber abgenommen.

Das Gewissen wird diese Herren nicht sehr darüber beunruhigt haben. Denn ihr Fang war noch immer so ansehnlich, dass um den tausendsten Teil die ganze honette Gesellschaft sowohl für sich, als ihre Erben und Erbnehmer, auf alle vergangene und zukünftige Sünden vollkommenen Ablass selbst aus der ersten und besten Hand in Rom dafür erkaufen konnte.

Nun aber, meine Herren, ist in der Tat mein Schlafstündchen da. Schlafen Sie wohl!

Unweit von Konstantinopel gibt es ein ungeheuer großes Geschütz, das der Baron Tott in seinen neulich erschienenen Memoiren ganz besonders erwähnt. Er hängt dabei ein einzelnes Ereignis an eine riesengroße Glocke. Wenn ich meinerseits aus einer Kanone von Europa nach Asien geschossen worden wäre, hätte ich weniger damit geprahlt als er, der nichts anderes tat, als ein türkisches Geschütz abzufeuern. Von dieser wundersamen Kanone sagt er, wenn ich mich recht erinnere, etwa Folgendes:

„Die Türken hatten unweit der Stadt über der Zitadelle am Ufer des berühmten Flusses Simois ein ungeheures Geschütz aufgestellt. Dieses war ganz aus Bronze gegossen und konnte eine Marmorkugel von wenigstens elfhundert Pfund abschießen. Ich hatte große Lust, sagt Tott, es abzufeuern, um seine Wirkung gehörig beurteilen zu können. Alle um mich her zitterten und bebten, da sie sich sicher waren, dass dadurch nicht nur das Schloss, sondern auch die ganze Stadt einstürzen würde. Endlich ließ die Furcht ein wenig nach, und ich bekam die Erlaubnis, das Geschütz abzufeuern. Es brauchte nicht weniger als dreihundertfünfzig Pfund Schießpulver, und die Kugel wog, wie ich vorhin schon sagte, elfhundert Pfund. Als der Kanonier mit dem Zünder ankam, zog sich die Menge, die mich umgab, so weit wie möglich zurück. Nur mit größter Not konnte ich den Pascha, der besorgt herbeigestürmt war, überzeugen, dass keine Gefahr zu befürchten war. Selbst dem Kanonier, der es nach meiner Anweisung abfeuern sollte, klopfte vor Angst das Herz. Ich bezog Stellung in einer Mauerschanze hinter dem Geschütz, gab das Zeichen und fühlte einen Stoß wie von einem Erdbeben. In einer Entfernung von dreihundert Klaftern zersprang die Kugel in drei Stücke; diese flogen über die Meeresenge, prallten vom gegenüberliegenden Berg ab und wühlten das Wasser im gesamten Kanal, so breit er war, zu Schaum auf."

Dies, meine Herren, ist, soweit ich mich erinnere, die Schilderung des Baron Tott über die größte Kanone der bekannten Welt. Als ich nun vor nicht allzu langer Zeit jene Gegend besuchte, wurde mir die Abfeuerung dieses ungeheuren Geschützes durch den Baron Tott als Beweis für den außerordentlichen Mut dieses Herrn erzählt. Da ich es durchaus nicht vertragen konnte, mich von einem Franzosen übertrumpfen zu lassen, nahm ich eben dieses

Geschütz auf meine Schultern, sprang, nachdem ich es waagerecht ins Gleichgewicht gebracht hatte, geradewegs ins Meer und schwamm damit ans gegenüberliegende Ufer. Von dort aus versuchte ich dummerweise, die Kanone an ihre vorige Stelle zurückzuwerfen. Ich sage dummerweise, denn sie glitt mir, gerade als ich zum Wurf ausholte, etwas zu früh aus der Hand, sodass sie mitten in den Kanal fiel, wo sie noch heute liegt und wahrscheinlich bis an den jüngsten Tag liegen bleiben wird, ohne je gehoben zu werden.

Dies, meine Herren, war es eigentlich, womit ich es trotz meines hohen Ansehens beim Großsultan endgültig verdarb. Die Geschichte mit dem Schatz, mit der ich zuvor in Ungnade gefallen war, war inzwischen längst vergessen. Denn der Großsultan hat ja genug Einnahmen und konnte seine Schatzkammer bald wieder füllen, und er hatte mich erneut eingeladen, ihn zu besuchen. Aber der Verlust dieses berüchtigten Geschützes brachte den grausamen Türken so auf, dass er nun unwiderruflich den Befehl gab, mir den Kopf abzuschlagen.

Eine gewisse Sultansdame aber, deren Günstling ich geworden war, gab mir unverzüglich von diesem blutgierigen Vorhaben Nachricht und verbarg mich auch in ihrem eigenen Gemach, solange der Offizier, der mit meiner Hinrichtung beauftragt war, mit seinen Helfershelfern nach mir suchte. Noch in derselben Nacht flüchtete ich an Bord eines Schiffes, das gerade im Begriff war, den Anker zu lichten und nach Venedig unter Segel zu gehen, und kam glücklich davon.

Diese Begebenheit erwähne ich nicht sehr gern, da mir der Versuch misslang und ich noch dazu um ein Haar mein Leben verloren hätte. Da sie jedoch ganz und gar nicht zu meiner Schande gereicht, so wollte ich sie Ihnen nicht vorenthalten und erzähle sie bisweilen im trauten Kreise.

Nun, meine Herren, werden Sie sicher nicht im Mindesten an meiner Wahrhaftigkeit zweifeln. Deshalb möchte ich Sie noch mit der Herkunft dieses prahlerischen Barons Tott unterhalten. Sein angeblicher Vater war ein Schweizer aus Bern, der dort eine Art Oberaufsicht über Straßen, Gassen und Brücken führte. Diese Beamten nennt man dortzulande gemeinhin Straßenkehrer.

Seine Mutter war aus den Savoyer Alpen und trug einen überaus schönen, großen Kropf am Hals, was in jener Gegend etwas ganz Gewöhnliches ist. Sie verließ ihre Eltern sehr jung und ging ihrem Glück in eben der Stadt nach, wo Totts Vater lebte. Als sie noch ledig war, gewann sie ihren Unterhalt durch allerlei Liebeswerke an unserem Geschlecht. Denn man weiß, dass sie es niemals abschlug, wenn man sie um eine Gefälligkeit ansprach und ihr mit gehöriger Höflichkeit in der Hand zuvorkam.

Dieses liebenswürdige Paar begegnete sich auf der Straße, und da sie beide ein wenig berauscht waren, taumelten sie gegeneinander und stießen sich gegenseitig zu Boden. Wie nun beide immer lauter wurden und sich beschimpften, wurden sie erst auf die Wache und schließlich ins Zuchthaus gebracht. Dort sahen sie bald die Torheit ihrer Zänkerei ein, versöhnten und verliebten sich und heirateten. Da aber die Madame zu ihrer alten Gewohnheit zurückkehrte, trennte sich der Vater, der gar hohe Begriffe von Ehre hatte, ziemlich bald von ihr.

Sie schloss sich hierauf einer Truppe an, die mit einem Puppenspiel umherzog. Und mit der Zeit führte sie das Schicksal nach Rom, wo sie eine Austernbude betrieb.

Sicher haben Sie alle schon von Papst Ganganelli gehört, Clemens XIV., und wie gern dieser Austern aß. An einem Karfreitag, als er in großem Pomp durch die Stadt zog, um im Sankt Petersdom die heilige Messe zu halten, sah er die Austern, die ausnehmend schön und frisch waren, und konnte unmöglich vorüberziehen, ohne sie zu kosten. Nun waren zwar mehr als fünftausend Menschen in seinem Gefolge; dennoch ließ er sogleich alles anhalten und in der Kirche ausrichten, er könne das Hochamt nicht vor morgen halten. Sodann sprang er vom Pferd – denn die Päpste reiten bei solchen Gelegenheiten immer –, ging in Madames Bude, aß erst alles auf, was von Austern vorhanden war

und stieg danach mit ihr in den Keller hinab, wo sie noch mehr hatte. Dieses unterirdische Gemach war ihre Küche, ihre Wohnstube und ihre Schlafkammer zugleich. Hier gefiel es ihm so wohl, dass er alle seine Begleiter fortschickte. Kurz, Seine Heiligkeit verbrachte die ganze Nacht dort bei ihr. Ehe er am anderen Morgen wieder fortging, erteilte er ihr vollkommenen Ablass nicht allein für jede Sünde, die sie schon begangen hatte, sondern auch für alle, womit sie sich künftig etwa noch zu befassen Lust haben möchte.

Nun, meine Herren, habe ich das Ehrenwort seiner Mutter – und wer könnte wohl an ihrer solchen Ehre zweifeln? –, dass Baron von Tott die Frucht jener Austernnacht ist. Als er geboren wurde, wandte sich die Mutter an Seine Heiligkeit als Vater des Kindes. Er brachte ihn unter anständige Leute, ermöglichte ihm eine angemessene Erziehung, ließ ihn im Gebrauch von Waffen unterrichten, verschaffte ihm eine Anstellung in Frankreich und einen Adelstitel und hinterließ ihm ein schönes Anwesen, als er starb.

Während der letzten Belagerung von Gibraltar segelte ich mit einer Proviantflotte zur Festung, um meinen alten Freund General Elliot zu besuchen, der sich durch die Verteidigung dieses Platzes Lorbeeren erworben hat, die nie verwelken können. Sobald sich die erste Hitze der Freude, die mit dem Wiedersehen alter Freunde verbunden ist, abgekühlt hatte, ging ich in Begleitung des Generals in der Festung umher, um den Zustand der Besatzung und die Anstalten des Feindes kennenzulernen. Ich hatte aus London ein vortreffliches Spiegelteleskop mitgebracht, das ich von Dollond gekauft hatte.

Damit fand ich heraus, dass der Feind gerade im Begriff war, einen Sechsunddreißigpfünder auf die Stelle abzufeuern, auf der wir standen. Ich sagte dies dem General; er sah auch durch das Fernrohr und fand meine Mutmaßung richtig. Mit seiner Erlaubnis ließ ich sogleich einen Achtundvierzigpfünder von der nächsten Batterie bringen und richtete ihn – denn was Artillerie betrifft, habe ich, ohne mich zu rühmen, meinen Meister noch nicht gefunden – so genau, dass ich meines Zieles vollkommen gewiss war.

Nun beobachtete ich die Feinde auf das Schärfste, bis ich sah, dass sie die Zündrute an das Zündloch ihres Stückes legten, und in demselben Augenblick gab ich das Zeichen, unsere Kanone gleichfalls abzufeuern.

Ungefähr auf halbem Wege schlugen die beiden Kugeln mit fürchterlicher Stärke gegeneinander, und die Wirkung war erstaunlich. Die feindliche Kugel prallte mit solcher Heftigkeit zurück, dass sie nicht nur dem Mann, der sie abgeschossen hatte, den Kopf wegnahm, sondern auch noch sechzehn andere Köpfe vom Rumpfe trennte, die ihr auf ihrem Flug zur afrikanischen Küste im Wege standen. Ehe sie aber dort ankam, fuhr sie durch die Hauptmaste von drei Schiffen, die gerade in einer Linie hintereinander im Hafen lagen; und dann flog sie noch gegen zweihundert englische Meilen in das Land hinein.

Unsere Kugel tat vortreffliche Dienste. Sie trieb nicht nur die andere zurück, sondern setzte auch ihren Weg fort, hob die Kanone, die gegen uns gebraucht worden war, von der Lafette und warf sie mit solcher Heftigkeit in den Kielraum eines Schiffes, dass sie dessen Boden durchschlug. Das Schiff schöpfte Wasser und sank mit tausend spanischen

Matrosen und einer beträchtlichen Anzahl Soldaten unter. Dies war gewiss eine höchst außerordentliche Tat. Ich verlange indes keineswegs, sie ganz auf meinen Verdienst zu setzen. Ich fand nämlich nachher, dass unser Achtundvierzigpfünder durch ein Versehen auf eine doppelte Portion Pulver gesetzt war, wodurch seine unerwartete Wirkung auf die zurückgeworfene feindliche Kugel begreiflich wird.

Da ich sehr für die Engländer eingenommen bin, so machte ich es mir zum Gesetz, die Festung nicht zu verlassen, bis ich ihnen noch einen Dienst geleistet hätte, wozu sich mir in ungefähr drei Wochen eine gute Gelegenheit bot. Ich kleidete mich wie ein katholischer Priester, schlich mich um ein Uhr morgens aus der Festung und kam glücklich durch die Linien der Feinde in ihrem Lager an. Dort ging ich in das Zelt, in dem der Graf von Artois mit dem ersten Befehlshaber und verschiedenen anderen Offizieren einen Plan entwarf, am nächsten Morgen die Festung zu stürmen.

Meine Verkleidung war mein Schutz. Niemand wies mich zurück, und ich konnte ungestört alles anhören, was vorging. Endlich begaben sie sich zu Bett, und nun fand ich das ganze Lager, selbst die Schildwachen, im tiefsten Schlaf begraben. Sogleich fing ich meine Arbeit an, hob alle ihre Kanonen, über dreihundert Stück, von den Achtundvierzigpfündern bis zu den Vierundzwanzigpfündern, von den Lafetten herunter und warf sie drei Meilen weit in die See hinaus. Da ich keinerlei Hilfe hatte, war dies das schwerste Stück Arbeit, das ich je unternommen hatte, ausgenommen, als ich mit dem ungeheuren, von Baron von Tott beschriebenen, türkischen Geschütz ans gegenseitige Ufer schwamm.

Sobald ich damit fertig war, schleppte ich alle Lafetten und Karren in die Mitte des Lagers, und damit das Rasseln der Räder kein Geräusch machen möchte, trug ich sie paarweise unter meinen Armen. Ein herrlicher Haufen war das, wenigstens so hoch wie der Felsen von Gibraltar.

Dann schlug ich mit dem abgebrochenen Stück eines eisernen Achtundvierzigpfünders an einem Kiesel, der zwanzig Fuß unter der Erde in einer noch von den Arabern gebauten Mauer steckte, Feuer, zündete eine Lunte an und setzte den ganzen Haufen in Brand. Ich vergaß, Ihnen zu

sagen, dass ich erst noch obenauf alle Kriegsvorratswagen geworfen hatte. Was am brennbarsten war, hatte ich unten hingelegt, und so war nun in einem Augenblick alles eine lichterlohe Flamme. Um allem Verdacht zu entgehen, war ich einer der ersten, der Lärm machte. Das ganze Lager geriet, wie Sie sich vorstellen können, in das schrecklichste Erstaunen, und der allgemeine Schluss war, dass die Schildwachen bestochen und sieben oder acht Regimenter aus der Festung zu dieser gräulichen Zerstörung ihrer Artillerie gebraucht worden wären.

Etwa zwei Monate, nachdem ich den Belagerten diesen Dienst getan hatte, saß ich eines Morgens mit General Elliot beim Frühstücke, als auf einmal eine Bombe ins Zimmer flog und auf den Tisch niederfiel. Der General verließ das Zimmer augenblicklich, ich aber nahm die Bombe, ehe sie sprang, und trug sie auf die Spitze des Felsen. Von hier aus sah ich auf einem Hügel der Seeküste unweit des feindlichen Lagers eine ziemliche Menge Leute, konnte aber mit bloßen Augen nicht entdecken, was sie vorhatten. Ich nahm also mein Teleskop zu Hilfe und fand nun, dass zwei von unseren Offizieren, ein General und ein Oberster, die noch den Abend zuvor mit mir zugebracht und sich um Mitternacht als Spione ins spanische Lager geschlichen hatten, dem Feind in die Hände gefallen waren und eben gehängt werden sollten.

Die Entfernung war zu groß, als dass ich die Bombe aus freier Hand hätte werfen können. Glücklicherweise fiel mir ein, dass ich die Schleuder in der Tasche hatte, die David weiland gegen den Riesen Goliath gebrauchte.

Ich legte die Bombe hinein und schleuderte sie mitten in den Kreis. Sowie sie niederfiel, sprang sie auf und tötete alle Umstehenden, ausgenommen die beiden englischen Offiziere, die zu ihrem Glück gerade in die Höhe gezogen waren. Ein Stück der Bombe flog indessen gegen den Fuß des Galgens, der dadurch umfiel. Unsere beiden Freunde fühlten kaum terra firma, als sie sich nach dem Grund dieser unerwarteten Katastrophe umsahen, und da sie fanden, dass Wache, Henker und alles den Einfall gekriegt hatte, zuerst zu sterben, so machten sie einander von ihren unbehaglichen Stricken los, liefen zum Seeufer, sprangen in ein spanisches Boot und nötigten die beiden Leute, die darin waren, sie zu einem unserer Schiffe zu rudern. Wenige Minuten später, da ich gerade dem General Elliot die Sache erzählte, kamen sie glücklich an, und nach gegenseitigen Erklärungen und Glückwünschen feierten wir diesen merkwürdigen Tag auf die froheste Art der Welt.

Sie wünschen alle, meine Herren, ich sehe es Ihnen an den Augen an, zu hören, wie ich an einen so großen

Schatz wie die Schleuder gekommen sei. Wohl, die Sache hängt so zusammen. Ich stamme von der Frau des Urias ab, mit der David bekanntlich in sehr enger Verbindung lebte. Mit der Zeit aber – wie dies manchmal der Fall ist – wurden Seine Majestät merklich kälter gegen die Gräfin, denn dazu wurde sie im ersten Vierteljahr nach ihres Mannes Tod gemacht. Sie zankten sich einmal über einen sehr wichtigen Punkt, nämlich über den Fleck, wo Noahs Arche gebaut wurde und wo sie nach der Sündflut stehen blieb. Mein Stammvater wollte für einen großen Altertumskundigen gelten und hatte die Schwäche fast aller kleinen Leute, er konnte keinen Widerspruch ertragen; und sie hatte den Fehler ihres Geschlechts, sie wollte in allen Dingen recht behalten; kurz, es erfolgte eine Trennung.

Sie hatte ihn oft von jener Schleuder als einem sehr großen Schatz sprechen hören und fand es für gut, sie zum Andenken mitzunehmen. Ehe sie aber noch aus seinen Staaten war, wurde die Schleuder vermisst, und nicht weniger als sechs Mann von der Leibwache des Königs setzten ihr nach. Sie bediente sich indes des mitgenommenen Instruments so gut, dass sie einen ihrer Verfolger gerade auf den Fleck traf, wo Goliath seine tödliche Quetschung erlitten hatte. Als seine Gefährten ihn tot zur Erde stürzen sahen, hielten sie es nach weiser Überlegung für das Beste, diesen neu eingetretenen Umstand zu melden, und die Gräfin hielt es für das Beste, mit untergelegten Pferden ihre Reise nach Ägypten fortzusetzen, wo sie angesehene Freunde am Hofe hatte. Von mehreren Kindern, die Seine Majestät mit ihr zu zeugen geruht hatten, nahm sie einen Sohn, der ihr Liebling war, mit sich und vermachte ihm die berühmte Schleuder; und von ihm kam sie in meist gerader Linie endlich auf mich.

ein Vater, von dem ich diese Schleuder geerbt habe, erzählte mir folgende merkwürdige Anekdote: »Ich hielt mich bei meinen Reisen geraume Zeit in England auf und ging einst am Ufer der See unweit Harwich spazieren. Plötzlich kam ein grimmiges Seepferd in äußerster Wut auf mich los. Ich hatte nichts als die Schleuder bei mir, mit der ich dem Tier so geschickt zwei Kieselsteine gegen den Kopf schoss, dass ich mit jedem ein Auge des Ungeheuers einschlug. Darauf stieg ich auf seinen Rücken und trieb es in die See; denn in demselben Augenblick, in dem es sein Gesicht verlor, verlor es auch seine Wildheit und wurde so zahm wie möglich. Meine Schleuder legte ich ihm statt des Zaumes in den Mund und ritt es nun mit der größten Leichtigkeit durch den Ozean hin. In weniger als drei Stunden kamen wir beide am entgegengesetzten Ufer an, das eine Strecke von ungefähr dreißig Seemeilen ist. Zu Helvoetsluys verkaufte ich es für siebenhundert Dukaten an den Wirt zu den drei Kelchen, der es als äußerst seltenes Tier sehen ließ und sich schönes Geld damit machte.

So sonderbar die Art meiner Reise war,« fuhr mein Vater fort, »so waren doch die Bemerkungen und Entdeckungen, die ich dabei machte, noch viel außerordentlicher. Das Tier, auf dessen Rücken ich saß, schwamm nicht, sondern lief mit unglaublicher Geschwindigkeit auf dem Grund des Meeres und trieb Millionen von Fischen vor sich her, von denen viele ganz verschieden von den gewöhnlichen waren. Einige hatten den Kopf in der Mitte des Leibes, andere an der Spitze des Schwanzes. Einige saßen in einem großen Zirkel beisammen und sangen unaussprechlich schöne Chöre; andere bauten aus bloßem Wasser die prächtigsten durchsichtigen Gebäude, umgeben mit kolossalen Säulen, in denen Feuer in den angenehmsten Farben und in wellenförmigen Bewegungen hin und wider lief. Verschiedene Zimmer dieser Gebäude waren zur Begattung der Fische eingerichtet; in anderen wurde der zarte Laich gepflegt und gewartet; und eine Reihe weitläufiger Säle war zur Erziehung der jungen Fische bestimmt.

Das Äußere der Methode, die hier beobachtet wurde – denn das Innere verstand ich ebenso wenig wie den Gesang der Vögel oder die Dialoge der Heuschrecken –, hatte so auffallende Ähnlichkeit mit dem, was ich in meinem Alter in den sogenannten Philanthropinen und dergleichen Anstalten eingeführt fand, dass ich ganz gewiss bin, einer ihrer angeblichen Erfinder hat eine ähnliche Reise gemacht und seine Ideen mehr aus dem Wasser als aus der Luft gegriffen. Doch ich fahre in meiner Erzählung fort.

Ich kam unter anderem über eine ungeheure Gebirgskette, die wenigstens so hoch war wie die Alpen. An der Seite der Felsen waren viele große Bäume mannigfaltiger Art. Auf diesen wuchsen Hummer, Krebse, Austern, Kammaustern, Muscheln, Seeschnecken usw., von denen bisweilen ein einziges Stück eine Ladung für einen Frachtwagen war, und an der kleinsten hätte ein Lastträger zu schleppen gehabt. Alles, was von der Art an die Ufer geworfen und auf unseren Märkten verkauft wird, ist elendes Zeug, das das Wasser von den Ästen abschlägt, ungefähr

so wie das kleine schlechte Obst, das der Wind von den Bäumen herunterweht. Die Hummerbäume schienen am vollsten zu sitzen; die Krebs- und Austernbäume aber waren die größten. Die kleinen Seeschnecken wachsen auf Sträuchern, die am Fuß der Austernbäume stehen und sich wie Efeu an der Eiche an ihnen hinaufwinden.

Ich begegnete von Zeit zu Zeit großen Fischen, die nicht ungeneigt waren, uns beide zu verschlingen. Nun war meine arme Rosinante blind, und es beruhte einzig auf meiner vorsichtigen Führung, dass ich den menschenfreundlichen Absichten dieser hungrigen Herren entging. Ich galoppierte also weidlich zu und suchte so bald wie möglich wieder trockenes Land zu gewinnen.

Als ich dem holländischen Ufer schon ziemlich nahe war und das Wasser über meinem Kopf keine zwanzig Klafter mehr sein mochte, kam es mir vor, als läge eine menschliche Gestalt in weiblicher Kleidung vor mir auf dem Sand. Ich glaubte einige Zeichen des Lebens an ihr zu bemerken, und als ich näher kam, sah ich, dass sie ihre Hand bewegte. Ich fasste diese an und brachte die Person als anscheinende Leiche mit mir ans Ufer. Den klugen Bemühungen eines Apothekers gelang es schließlich, den Funken des Lebens, den er in dieser Frau noch fand, wieder anzumachen. Sie war die teure Hälfte eines Mannes, der ein nach Helvoetsluys gehöriges Schiff kommandierte und kurz vorher aus dem Hafen abgefahren war.

Unglücklicherweise hatte er in der Eile statt seiner Frau eine andere Person mitgenommen. Dies wurde ihr von einer wachsamen Schutzgöttin des häuslichen Friedens hinterbracht, und weil sie fest überzeugt war, dass die Rechte des Ehebettes zu Wasser so gültig wären wie zu Lande, so fuhr sie ihm wütend vor Eifersucht in einem offenen Boot nach

und suchte, sobald sie auf das Oberlof seines Schiffes gekommen war, nach einer kurzen, unübersetzbaren Anrede ihre Rechte auf eine so triftige Art zu beweisen, dass ihr lieber Getreuer es für ratsam fand, ein paar Schritte zurückzutun. Die traurige Folge davon war, dass ihre knöcherne Rechte den Eindruck, der den Ohren ihres Mannes zugedacht war, auf die Wellen machte, und da diese noch nachgebender waren als er, so fand sie erst auf dem Grund der See den Widerstand, den sie suchte. Hier brachte mich nun mein Unstern mit ihr zusammen, um auf Erden ein glückliches Paar mehr zu machen.

Ich kann mir leicht vorstellen, was für Segenswünsche mir ihr Herr Gemahl nachgeschickt hat, als er bei seiner Rückkunft fand, dass sein zärtliches Weibchen, durch mich gerettet, seiner harre. Indes so schlimm auch immer der Streich sein mag, den ich dem armen Teufel gespielt habe, so war mein Herz doch außer aller Schuld. Der Beweggrund meiner Handlung war reine, klare Menschenliebe, obgleich, wie ich nicht leugnen kann, die Folgen davon für ihn schrecklich sein mussten.«

So weit, meine Herren, geht die Erzählung meines Vaters, an die ich durch die berühmte Schleuder erinnert wurde, die leider, nachdem sie sich so lange bei meiner Familie erhalten und ihr viele Dienste geleistet hatte, im Rachen des Seepferdes ihren Rest gekriegt zu haben scheint. Wenigstens habe ich den einzigen Gebrauch davon gemacht, als ich den Spaniern eine ihrer Bomben uneröffnet wieder zurückschickte und dadurch meine beiden Freunde vom Galgen rettete. Dabei flog ein Großteil der Schleuder, die vorher schon recht mürbe war, mit der Bombe weg, und das kleine Stück, das mir in der Hand blieb, liegt jetzt zu ewigem Andenken in unserem Familienarchiv.

ald darauf verließ ich Gibraltar wieder und kehrte nach England zurück. Dort begegnete mir einer der sonderbarsten Streiche meines ganzen Lebens. Ich musste nach Wapping gehen, um verschiedene Sachen einzuschiffen, die ich einigen meiner Freunde in Hamburg schicken wollte, und als ich damit fertig war, nahm ich meinen Rückweg über den Tower Wharf. Es war Mittag; ich war schrecklich müde, und die Sonne wurde mir so lästig, dass ich in eine von den Kanonen hineinkroch, um dort ein bisschen auszuruhen. Kaum war ich darin, so fiel ich auch sogleich in tiefsten Schlaf.

Nun war es gerade der vierte Juni, und um ein Uhr wurden alle Kanonen zum Andenken dieses Tages abgefeuert. Sie waren am Morgen geladen, und da niemand mich hier vermuten konnte, so wurde ich über die Häuser an der entgegengesetzten Seite des Flusses in den Hof eines Pächters zwischen Berinondsey und Deptford geschossen. Hier fiel ich auf einen Heuhaufen nieder und blieb – wie aus der großen Betäubung leicht begreiflich wird –, ohne aufzuwachen liegen. Ungefähr nach drei Monaten wurde das Heu so erschrecklich teuer, dass der Pächter einen guten Schnitt zu machen gedachte, wenn er jetzt seinen Vorrat losschlüge. Der Haufen, auf dem ich lag, war der größte auf dem Hof und hielt wenigstens fünfhundert Fuder. Mit ihm wurde also bei dem Aufladen der Anfang gemacht.

Durch das Lärmen der Leute, die ihre Leitern angelegt hatten und auf den Haufen hinaufsteigen wollten, wachte ich auf, noch halb im Schlaf und ohne im Geringsten zu wissen, wo ich war, wollte ich weglaufen und stürzte herunter auf den Eigentümer des Heus.

Ich selbst litt durch diesen Fall nicht den geringsten Schaden, der Pächter aber einen desto größeren; er blieb tot unter mir liegen, denn ich hatte ihm unschuldigerweise das Genick gebrochen. Zu meiner großen Beruhigung hörte ich nachher, dass der Kerl ein abscheulicher Wucherer war, der immer mit den Früchten seiner Ländereien so lange zurückhielt, bis bittere Teuerung einriss und er sie mit übermäßigem Profit verkaufen konnte, sodass also sein gewaltsamer Tod für ihn gerechte Strafe und für das Publikum eine wahre Wohltat war.

Wie sehr ich übrigens erstaunte, als ich wieder völlig zu mir selbst kam und nach langem Besinnen meine gegenwärtigen Gedanken an die anknüpfte, mit denen ich vor drei Monaten eingeschlafen war, und wie groß die Verwunderung meiner Freunde in London war, als ich nach vielen vergeblichen Nachforschungen auf einmal wieder erschien, das können Sie, meine Herren, sich leicht vorstellen.

Nun lassen Sie uns erst ein Gläschen trinken, und dann erzähle ich Ihnen noch ein paar meiner Abenteuer.

Wenn ich Ihren Augen trauen darf, meine Herren, so möchte ich wohl eher müde werden, Ihnen sonderbare Begebenheiten meines Lebens zu erzählen, als Sie, mich anzuhören. Hören Sie also noch eine Geschichte, die an Merkwürdigkeit und Wunderbarkeit die vorigen vielleicht noch übertrifft.

Brydones Reisen nach Sizilien, die ich mit ungemeinem Vergnügen gelesen habe, machten mir Lust, den Berg Ätna zu besuchen. Eines Morgens reiste ich früh aus einer am Fuß des Berges gelegenen Hütte ab, fest entschlossen, auch wenn es auf Kosten meines Lebens geschehen sollte, die innere Einrichtung dieser berühmten Feuerpfanne zu untersuchen und auszuforschen. Nach einem mühseligen Weg von drei Stunden befand ich mich auf der Spitze des Berges. Er tobte damals gerade und hatte schon drei Wochen getobt. Ich ging dreimal um den Krater herum, den Sie sich als einen ungeheuren Trichter vorstellen können, und da ich sah, dass ich dadurch wenig oder um nichts klüger wurde, so fasste ich kurz und gut den Entschluss, hineinzuspringen.

Kaum hatte ich dies getan, so befand ich mich auch in einem verzweifelt warmen Schwitzkasten, und mein armer Leichnam wurde durch die rotglühenden Kohlen, die beständig heraufschlugen, an mehreren Teilen, edlen und unedlen, jämmerlich gequetscht und verbrannt. So stark übrigens die Gewalt war, mit der die Kohlen heraufgeschmissen wurden, so war doch die Schwere, mit der mein Körper heruntersank, ein Beträchtliches größer, und ich kam in kurzer Zeit glücklicherweise auf den Grund. Das erste, was ich gewahr wurde, war ein abscheuliches Poltern, Lärmen, Schreien und Fluchen, das rings um mich zu sein schien.

Ich schlug die Augen auf, und siehe da! Ich war in der Gesellschaft des Vulkans und seiner Zyklopen. Diese Herren – die ich in meinem weisen Sinn längst ins Reich der Lügen verwiesen hatte – hatten sich seit drei Wochen über Ordnung und Subordination gezankt, und davon war der Unfug in der Oberwelt gekommen. Meine Erscheinung stellte auf einmal unter der ganzen Gesellschaft Friede und Eintracht her. Der Vulkan hinkte sogleich zu seinem Schrank und holte Pflaster und Salben, die er mir mit eigener Hand auflegte, und in wenigen Augenblicken waren meine Wunden

geheilt. Auch setzte er mir einige Erfrischungen vor, eine Flasche Nektar und andere kostbare Weine, wie sie nur Götter und Göttinnen zu kosten kriegen. Sobald ich mich etwas erholt hatte, stellte er mich seiner Gemahlin, der

Venus, vor und befahl ihr, mir jede Bequemlichkeit zu verschaffen, die meine Lage forderte. Die Schönheit des Zimmers, in das sie mich führte, die Wollust des Sofas, auf das sie mich setzte, der göttliche Zauberreiz ihres ganzen Wesens, die Zärtlichkeit ihres weichen Herzens – alles das ist weit über allen Ausdruck der Sprache erhaben, und schon der Gedanke daran macht mich schwindeln.

Vulkan gab mir eine sehr genaue Beschreibung vom Berg Ätna. Er sagte mir, dass dieser nichts als eine Aufhäufung der Asche wäre, die aus seiner Esse ausgeworfen würde, dass er häufig genötigt wäre, seine Leute zu strafen, dass er ihnen dann im Zorn rotglühende Kohlen auf den Leib würfe, die sie oft mit großer Geschicklichkeit parierten und in die Welt hinaufschmissen, um sie ihm aus den Händen zu bringen.

»Unsere Uneinigkeiten«, fuhr er fort, »dauern bisweilen mehrere Monate, und die Erscheinungen, die sie auf der Welt veranlassen, sind das, was ihr Sterblichen Ausbrüche nennt. Der Berg Vesuv ist gleichfalls eine meiner Werkstätten, zu der mich ein Weg führt, der wenigstens dreihundertundfünfzig Meilen unter der See hinläuft. Ähnliche Uneinigkeiten bringen auch dort ähnliche Ausbrüche hervor.«

Gefiel mir der Unterricht des Gottes, so gefiel mir noch mehr die Gesellschaft seiner Gemahlin, und ich würde vielleicht nie diese unterirdischen Paläste verlassen haben, wenn nicht einige geschäftige schadenfrohe Schwätzer Vulkan einen Floh ins Ohr gesetzt und ein heftiges Feuer der Eifersucht in seinem gutmütigen Herzen angeblasen hätten. Ohne mir vorher den geringsten Wink zu geben, nahm er mich eines Morgens, als ich eben der Göttin bei ihrer Toilette aufwarten wollte, trug mich in ein Zimmer, das ich noch niemals gesehen hatte, hielt mich über einen tiefen Brunnen, wie es mir vorkam, und sagte: »Undankbarer Sterblicher, kehre zurück in die Welt, von der du kamst.«

Mit diesen Worten ließ er mich, ohne mir einen Augenblick Zeit zur Verteidigung zu geben, mitten in den Abgrund fallen. Ich fiel und fiel immer weiter, bis mir die Angst meiner Seele endlich alle Besinnung nahm. Plötzlich aber wurde ich aus meiner Ohnmacht aufgeweckt, indem ich in eine ungeheure See von Wasser kam, die durch die Strahlen der Sonne erleuchtet wurde. Ich konnte von meiner Jugend auf gut schwimmen und alle mögliche Wasserkünste machen. Daher war ich gleich wie zu Hause, und im Vergleich mit der fürchterlichen Lage, aus der ich eben befreit war, kam mir meine gegenwärtige wie ein Paradies vor.

Ich sah mich auf allen Seiten um, sah aber leider nichts als Wasser; auch unterschied sich das Klima, unter dem ich mich nun befand, sehr unbehaglich von Meister Vulkans Esse. Endlich entdeckte ich in einiger Entfernung etwas, das wie ein großer Felsen aussah und auf mich zuzukommen schien. Bald zeigte sich, dass es eines der schwimmenden Eisgebirge war. Nach langem Suchen fand ich endlich eine Stelle, an der ich hinauf und bis zur obersten Spitze kommen konnte. Allein zu meiner größten Verzweiflung war es mir auch von hier aus noch unmöglich, Land zu entdecken. Endlich, kurz vor Dunkelwerden, sah ich ein Schiff, das gegen mich zufuhr. Sobald ich nahe genug war, rief ich; man antwortete mir holländisch; ich sprang in die See, schwamm zu dem Schiff hin und wurde an Bord gezogen. Ich erkundigte mich, wo wir wären, und erhielt die Antwort: im Südmeer. Diese Entdeckung löste auf einmal das ganze Rätsel. Es war nun klar, dass ich vom Berg Ätna durch den Mittelpunkt der Erde in die Südsee gefallen war; ein Weg, der auf alle Fälle kürzer ist als der um die Welt.

Noch hatte ihn niemand als ich versucht, und mache ich ihn noch einmal, so werde ich gewiss sorgfältigere Beobachtungen anstellen. Ich ließ mir einige Erfrischungen geben und ging zu Bett. Ein grobes Volk aber ist es um die Holländer. Ich erzählte meine Abenteuer den Offizieren ebenso aufrichtig und simpel als Ihnen, meine Herren, und einige davon, vorzüglich der Kapitän, machten Miene, als zweifelten sie an meiner Wahrhaftigkeit. Indes, sie hatten mich freundschaftlich in ihr Schiff genommen, ich musste durchaus von ihrer Gnade leben und folglich wohl oder übel den Schimpf in die Tasche stecken.

Ich erkundigte mich nun, wohin ihre Reise ginge. Sie antworteten mir, sie wären auf neue Entdeckungen ausgefahren, und wenn meine Erzählung wahr wäre, so sei ihre Absicht auf alle Fälle erreicht. Wir waren nun gerade auf dem Weg, den Kapitän Cook gemacht hatte, und kamen am anderen Morgen zur Botany-Bay – ein Ort, zu dem die englische Regierung wahrhaftig nicht Spitzbuben schicken sollte, um sie zu strafen, sondern verdiente Männer, um sie zu belohnen, so reichlich hat hier die Natur ihre besten Geschenke ausgeschüttet.

Wir blieben hier nur drei Tage; am vierten nach unsrer Abreise entstand ein furchtbarer Sturm, der in wenigen Stunden alle unsere Segel zerriss, unser Bugspriet zersplitterte und die große Bramstenge umlegte, die gerade auf das Behältnis fiel, in dem unser Kompass verschlossen war, und das Kästchen und den Kompass in Stücke schlug. Jeder, der zur See gewesen ist, weiß, von welchen traurigen Folgen ein solcher Verlust ist.

Wir wussten nun weder aus noch ein. Endlich legte sich der Sturm, und es folgte ein anhaltender munterer Wind. Drei Monate waren wir gefahren und mussten eine ungeheure Strecke zurückgelegt haben, als wir auf einmal an allem, was um uns war, eine erstaunliche Veränderung bemerkten. Wir wurden so leicht und froh; unsere Nasen wurden mit den angenehmsten Balsamdüften erfüllt; auch die See hatte ihre Farbe verändert und war nicht mehr grün, sondern weiß.

Bald nach dieser wundervollen Veränderung sahen wir Land und nicht weit von uns einen Hafen, auf den wir zusegelten und den wir sehr geräumig und tief fanden. Statt des Wassers war er mit vortrefflich schmeckender Milch gefüllt. Wir landeten, und – die ganze Insel bestand aus einem großen Käse. Wir hätten dies vielleicht gar nicht entdeckt, wenn uns nicht ein sonderbarer Umstand auf die Spur geholfen hätte.

Es war nämlich auf unserem Schiff ein Matrose, der eine natürliche Antipathie gegen Käse hatte. Sobald dieser ans Land trat, fiel er in Ohnmacht. Als er wieder zu sich kam, bat er, man möchte doch den Käse unter seinen Füßen wegnehmen, und da man zusah, fand es sich, dass er vollkommen recht hatte, die ganze Insel war nichts als ein ungeheurer Käse. Von dem lebten auch die Einwohner größtenteils, und so viel bei Tage verzehrt wurde, wuchs des Nachts immer wieder zu. Wir sahen eine Menge Weinstöcke mit schönen großen Trauben, die, wenn sie gepresst wurden, nichts als Milch gaben. Die Einwohner waren aufrecht gehende, hübsche Geschöpfe, meistens neun Fuß hoch, hatten drei Beine und einen Arm, und wenn sie erwachsen waren, auf der Stirn ein Horn, das sie mit viel Geschicklichkeit brauchten. Sie hielten auf der Oberfläche der Milch Wettläufe und spazierten, ohne zu sinken, mit so viel Anstand darauf herum wie wir auf einer Wiese. Auf unseren Streifzügen über diesen Käse entdeckten wir sieben Flüsse von Milch und zwei von Wein.

Nach einer sechzehntägigen Reise kamen wir an das Ufer, das dem, an welchem wir gelandet waren, gegenüberlag. Hier fanden wir eine ganze Strecke des angegangenen blauen Käses, aus dem die wahren Käseesser so viel Wesens zu machen pflegen. Anstatt dass aber Milben darin gewesen wären, wuchsen die vortrefflichsten Obstbäume darauf, als da sind Pfirsiche, Aprikosen und tausend andere Arten, die wir gar nicht kannten.

Als wir noch zwei Tagesreisen von unserem Schiff entfernt waren, sahen wir drei Leute, die an hohen Bäumen aufgehängt waren. Ich erkundigte mich, was sie begangen hätten, um eine so harte Strafe zu verdienen, und hörte, sie wären in der Fremde gewesen und hätten bei ihrer Rückkehr nach Hause ihre Freunde belogen und ihnen Plätze beschrieben, die sie nie gesehen, und Dinge erzählt, die sich nie zugetragen hätten. Ich fand die Strafe sehr gerecht; denn nichts ist mehr eines Reisenden Schuldigkeit, als streng der Wahrheit anzuhängen.

Sobald wir bei unserem Schiff angelangt waren, lichteten wir die Anker und segelten von diesem außerordentlichen Land ab. Alle Bäume am Ufer, unter denen einige sehr groß waren, neigten sich zweimal vor uns und nahmen dann wieder ihre vorige gerade Stellung an. Als wir drei Tage umhergesegelt waren, der Himmel weiß wo – denn wir hatten noch immer keinen Kompass –, kamen wir in eine See, die ganz schwarz aussah. Wir kosteten das vermeintliche schwarze Wasser, und siehe, es war der vortrefflichste Wein. Nun hatten wir genug zu hüten, dass nicht alle Matrosen sich darin berauschten. Allein die Freude dauerte nicht lange. Wenige Stunden nachher fanden wir uns von Walfischen und anderen unermesslich großen Tieren umgeben, unter denen eines war, dessen Größe wir selbst mit allen Fernrohren nicht übersehen konnten. Leider wurden wir das Ungeheuer nicht eher gewahr, als bis wir ihm ziemlich nahe waren; und auf einmal zog es unser Schiff mit stehenden Masten und vollen Segeln in seinen Rachen zwischen die Zähne, gegen die der Mast des größten Kriegsschiffes ein kleines Stöckchen ist. Nachdem wir einige Zeit in seinem Rachen gelegen hatten, öffnete es denselben ziemlich weit, schluckte eine unermessliche Menge Wasser ein und schwemmte unser Schiff, das, wie Sie sich leicht denken können, kein kleiner Bissen war, in den Magen hinunter. Und hier lagen wir nun so ruhig, als lägen wir bei einer toten Windstille vor Anker.

Die Luft war, das ist nicht zu leugnen, etwas warm und unbehaglich. Wir fanden Anker, Taue, Boote, Barken und eine beträchtliche Anzahl Schiffe, teils beladen, teils unbeladen, die dieses Geschöpf verschlungen hatte. Alles, was wir taten, musste bei Fackeln geschehen. Für uns gab es keine Sonne, keinen Mond und keine Planeten mehr. Gewöhnlich befanden wir uns zweimal des Tages auf hohem Wasser und zweimal auf Grund. Wenn das Tier trank, so hatten wir Flut, und wenn es sein Wasser ließ, so waren wir auf Grund. Nach einer mäßigen Berechnung nahm es gewöhnlich mehr Wasser zu sich, als der Genfer See hält, der doch einen Umfang von dreißig Meilen hat.

Am zweiten Tag unserer Gefangenschaft in diesem Reich der Nacht wagte ich es bei Ebbe, wie wir die Zeit nannten, wenn das Schiff auf Grund saß, nebst dem Kapitän und einigen Offizieren eine kleine Streiferei zu tun. Wir hatten uns natürlich alle mit Fackeln versehen und trafen nun gegen zehntausend Menschen aus allen Nationen an. Sie wollten gerade eine Beratung halten, wie sie ihre Freiheit wiedererlangen könnten. Einige von ihnen hatten schon mehrere Jahre im Magen des Tieres zugebracht. Eben als der Präsident uns über die Sache unterrichten wollte, wegen der wir versammelt waren, wurde unser verfluchter Fisch durstig und fing an zu trinken; das Wasser strömte mit solcher Heftigkeit herein, dass wir uns alle augenblicklich in unsere Schiffe zurückzogen oder riskieren mussten zu ertrinken. Verschiedene von uns retteten sich nur mit Not durch Schwimmen.

Einige Stunden nachher waren wir glücklicher. Sobald sich das Ungeheuer ausgeleert hatte, versammelten wir uns wieder. Ich tat den Vorschlag, zwei der größten Mastbäume zusammenzufügen, diese, wenn das Ungeheuer den Rachen öffnete, zwischenzusperren und ihm so das Zuschließen zu verwehren. Dieser Vorschlag wurde allgemein angenommen und hundert starke Männer zu der Ausführung ausgesucht. Kaum hatten wir unsere zwei Mastbäume zurechtgemacht, so bot sich auch eine Gelegenheit an, sie zu gebrauchen.

Das Ungeheuer gähnte, und sogleich keilten wir unsere zusammengesetzten Mastbäume dazwischen, sodass das eine Ende durch die Zunge gegen den unteren Gaumen, das andere gegen den oberen stand; wodurch denn wirklich das Zumachen des Rachens ganz unmöglich gemacht war, selbst wenn unsere Maste noch viel schwächer gewesen wären.

Sobald nun alles im Magen flott war, bemannten wir einige Boote, die sich und uns in die Welt ruderten. Das Licht des Tages bekam uns nach einer vierzehntägigen Gefangenschaft unaussprechlich wohl. Als wir uns sämtlich aus diesem geräumigen Fischmagen beurlaubt hatten, machten wir gerade eine Flotte von fünfunddreißig Schiffen aus von allen Nationen. Unsere Mastbäume ließen wir im Rachen des Ungeheuers stecken, um andere vor dem schrecklichen Unglück zu sichern, in diesen fürchterlichen Abgrund von Nacht und Kot eingesperrt zu werden.

Unser erster Wunsch war nun, zu erfahren, in welchem Teil der Welt wir uns befanden, und anfänglich konnten wir darüber gar nicht zur Gewissheit kommen. Endlich fand ich nach vormaligen Beobachtungen, dass wir in der Kaspischen See wären. Da diese See ganz mit Land umgeben ist und keine Verbindung mit anderen Gewässern hat, so war es uns ganz unbegreiflich, wie wir dahingekommen wären.

Doch einer von den Einwohnern der Käseinsel, den ich mit mir gebracht hatte, gab uns einen sehr vernünftigen Aufschluss darüber. Nach seiner Meinung hatte uns nämlich das Ungeheuer, in dessen Magen wir so lange eingesperrt waren, durch irgendeinen unterirdischen Weg hierher gebracht. Genug, wir waren nun einmal da und freuten uns, dass wir da waren, und machten, dass wir so bald als möglich ans Ufer kamen. Ich war der erste, der landete.

Kaum hatte ich meinen Fuß auf das Trockene gesetzt, so kam ein dicker Bär gegen mich angesprungen. „Ha!" dacht ich, „du kommst mir eben recht."

Ich packte mit jeder Hand eine seiner Vorderpfoten und drückte ihn erst zum Willkomm so herzlich, dass er gräulich zu heulen anfing; ich aber, ohne mich dadurch

rühren zu lassen, hielt ihn so lange in dieser Stellung, bis ich ihn zu Tode gehungert hatte. Dadurch setzte ich mich bei allen Bären in Respekt und keiner wagte sich, mir wieder in die Quere zu kommen.

Ich reiste von hier aus nach Petersburg und bekam dort von einem alten Freund ein Geschenk, was mir außerordentlich teuer war, nämlich einen Jagdhund, der von der berühmten Hündin abstammte, die, wie ich Ihnen schon erzählte, Junge warf, während sie einen Hasen jagte. Leider wurde er mir bald nachher von einem ungeschickten Jäger erschossen, der statt einer Kette Hühner den Hund traf, der sie jagte.

Ich ließ mir zum Andenken aus dem Fell des Tieres diese Weste machen, die mich immer, wenn ich zur Jagdzeit ins Feld gehe, unwillkürlich dahin bringt, wo Wild zu finden ist. Bin ich nun nahe genug, um schießen zu können, so fliegt ein Knopf von meiner Weste weg und fällt auf die Stelle nieder, wo das Tier ist; und da ich immer meinen Hahn gespannt und Pulver auf meiner Pfanne habe, so entgeht mir nichts.

Ich habe nun, wie Sie sehen, nur noch drei Knöpfe übrig, sobald aber die Jagd wieder aufgeht, soll meine Weste auch wieder mit zwei neuen Reihen besetzt werden.

Besuchen Sie mich alsdann, und an Unterhaltung soll es Ihnen gewiss nicht fehlen. Übrigens für heute empfehle ich mich und wünsche Ihnen angenehme Ruhe.

❖ ❖ ❖

Nachwort: Dichtung und Wahrheit

Unglaubliche Geschichten? Ja, der erste Teil ist Jägerlatein und der zweite Seemannsgarn, aber den Freiherrn von Münchhausen hat es wirklich gegeben. Er war auch in Russland und hat am Türkenkrieg teilgenommen, und als er wieder in Bodenwerder, seiner Heimat im Kurfürstentum Braunschweig-Lüneburg, war, hat er im besten Jägerlatein seine „wunderbaren Reisen und lustigen Abenteuer bei der Flasche im Kreise seiner Freunde selbst erzählt".

Aber aufgeschrieben und mit weiteren, hahnebüchenen Übertreibungen veröffentlicht hat sie ein anderer, dem man erst nach dem Tod auf die Schliche kam: der nach England geflüchtete deutsche Gelehrte Rudolf Erich Raspe.

Schauen wir uns einmal die reinen, historisch belegten Tatsachen an: Am 11. Mai 1720 wurde Hieronymus Carl Freiherr von Münchhausen in dem kleinen Städtchen Bodenwerder im Weserbergland geboren. Mit 13 Jahren kam er als Page auf Schloss Bevern und später zum Braunschweiger Hof nach Wolfenbüttel.

Im Winter 1737/38 folgte er als Siebzehnjähriger seinem Dienstherrn Prinz Anton Ulrich nach Sankt Petersburg. Anton Ulrich weilte bereits als künftiger Gemahl von Anna Leopoldowna, einer Nichte und designierten Nachfolgerin der Zarin Anna von Russland, in Sankt Petersburg und diente im Militär. Münchhausen folgte ihm in den Russisch-Österreichischen Türkenkrieg, und sein berühmter „Ritt auf der Kanonenkugel" spielt wahrscheinlich während der Belagerung der osmanischen Krim-Festung Otschakow.

1739 wurde Münchhausen von der Zarin Anna Iwanowna zum Fähnrich der russischen „Braunschweig-Kürassiere"ernannt und 1740 zum Leutnant befördert. Im selben Jahr wurde Anton Ulrichs frisch geborener Sohn nach dem Tod der Zarin als Iwan VI. zum Zaren von Russland ernannt. Doch Annas Cousine Elisabeth, die Tochter Peters des Großen, stürzte 1741 den einjährigen Iwan und nahm ihn und seine Familie für viele Jahre gefangen.

Münchhausen überstand zwar den Umsturz heil – vermutlich, weil er gerade wegen des Russisch-Schwedischen Kriegs in Finnland kämpfte –, aber seine weitere Beförderung zum Rittmeister ließ bis 1750 auf sich warten. Er lebte hauptsächlich in der Garnisonsstadt Riga, wo in den deutsch-baltischen adligen Kreisen gerne ausgiebig und phantasievoll erzählt wurde. Von seinem Freund Georg Gustav von Dunten wurde er oft zur Entenjagd auf dessen Landgut eingeladen. Dort soll er sich in einer Schenke erstmals als Geschichtenerzähler bewährt haben.

Auf von Duntens Landgut lernte er auch dessen Tochter Jacobine kennen, die er 1744 heiratete. 1750 kehrte er nach Deutschland zurück und lebte mit seiner Frau weitere 40 Jahre auf dem ererbten Gut in Bodenwerder an der Weser. Er führte das Leben eines Landadligen, und im geselligen Verkehr mit seinen Gutsnachbarn und Freunden begann sein Erzähltalent allmählich berühmt zu werden. Gäste kamen von weit her nach Bodenwerder, um seine fabelhaften Geschichten zu hören, darunter vielleicht auch der Kasseler Museumsdirektor Rudolf Erich Raspe.

1761 publizierte Rochus Graf zu Lynar, der Münchhausen noch aus gemeinsamen Petersburger Zeiten kannte und inzwischen Statthalter in Oldenburg war, in seinem Buch *„Der Sonderling“* drei dieser Geschichten, die auch ohne Nennung des Namens Münchhausen für Eingeweihte eindeutig dem Baron zuzuordnen waren.

Zwanzig Jahre später – 1781 – erschienen sechzehn kurze, lustige, als M-h-s-nsche Geschichten bezeichnete Schwänke in der deutschen Anekdotenzeitschrift *„Vademecum für lustige Leute“*. 1783 erschien eine um zwei Geschichten ergänzte Neuauflage.

Vade Mecum

für lustige Leute

enthaltend

eine Sammlung angenehmer Scherze

witziger Einfälle

und

spaßhafter kurzer Historien

aus den besten Schriftstellern

zusammengetragen.

Siebzehn der M-h-s-nschen Geschichten übersetzte der Universalgelehrte Rudolf Erich Raspe, der in Kassel als

Museumsdirektor aus den landgräflichen Sammlungen Münzen entwendet hatte und darum nach England geflohen war, 1785 ins Englische, ordnete ihre Reihenfolge so um, dass die einzelnen Anekdoten besser zusammenpassten, führte erstmals die literarische Gestalt des „Baron Munchausen“ als Erzähler ein und gab das nur 56-seitiges Buch anonym als *„Baron Munchausen's Narrative of his Marvellous Travels and Campaigns in Russia“* heraus.

Der als Urheber der Geschichten jetzt mit Namen genannte Freiherr war über diese Veröffentlichung zutiefst verärgert, brachte es ihm doch den zweifelhaften Ruf eines Meisteraufschneiders und „Lügenbarons“ ein.

Raspes Buch wurde ein einschlagender Erfolg und zog in rascher Folge weitere Auflagen nach sich, die Raspe ständig erweiterte um Stoffe wie Seeabenteuer, die auf das englische Inselpublikum zugeschnitten waren. Für diesen Zweck griff er zum Beispiel auf Anekdoten aus der *„Vera historia“* des antiken griechischen Satirikers Lukian von Samosata zurück, spielte auf die damaligen Ballonfahrten von Jean-Pierre Blanchard und der Gebrüder Montgolfier an und verwertete zeitgenössische Reise- und Abenteuerliteratur wie *„A History of the Siege of Gibraltar“* von Colonel John Drinkwater Bethune sowie die Aufschneidereien in den *„Mémoires sur les Turcs et le Tartares“* des François Baron de Tott. Die dritte Ausgabe benannte er

Rudolf Erich Raspe

„Gulliver revived – containing singular travels, campaigns, voyages and sporting adventures of Baron Munchausen“.

Raspes Buch übersetzte Gottfried August Bürger 1786 ins Deutsche und erweiterte die Geschichtensammlung nochmals um neue Abenteuer. Sein Werk *„Wunderbare Reisen zu Wasser und zu Lande – Feldzüge und lustige Abenteuer des Freiherrn von Münchhausen“*, das anonym in Göttingen erschien, gilt als die bekannteste Fassung der Abenteuer des Barons.

Diese Publikationen machten Münchhausen zwar weltberühmt, machten ihn aber in seinem direkten Umfeld als Landadliger zu einem unglaubwürdigen „Lügenbaron“ und legten ihm dadurch bei einem Jahre andauernden Scheidungsprozess Steine in den Weg. Der Ärger darüber vergällte ihm den Rest seiner Jahre. Er starb 1797 verbittert auf seinem Gut in Bodenwerder.

Bald folgten Übersetzungen der Werke Raspes und Bürgers in andere Sprachen wie Französisch, Holländisch und Schwedisch. Wenn sie auch auf ihren Titelblättern jeweils die Vorlage nannten, haben die Autoren und Übersetzer alle selbst weiterfantasiert, ergänzt, verändert oder mehrere Vorlagen vermischt. Von 1786 bis heute sind etwa 4000 Münchhausen-Ausgaben in über 100 Sprachen und insgesamt etwa sechs Millionen Exemplare erschienen.

Oebisfelde, im Mai 2022
Jan Müller

Benutzte und zitierte Quellen: Wikipedia-Einträge zu Hieronymus Carl Friedrich von Münchhausen und Rudolf Erich Raspe

Bildnachweis

Seiten 2, 11, 29, 35, 44: Farbbilder von Oskar Herrfurth (1862 – 1934) aus der Postkartenserie „Münchhausens Abenteuer" der Firma UVACHROM im Verlag Farbenphotographische Gesellschaft m.b.H., Stuttgart, 1913

Seite 8: zeitgenössisches Porträt, Standort: Münchhausenmuseum Bodenwerder

Seite 10: anonym, 1842

Seiten 12, 39, 47, 49, 68, 69, 83, 101, 106: Scherenschnitte von Ida Steiner aus: „Des Freiherrn von Münchhausen Reisen und Abenteuer – Nach der deutschen Übersetzung von Gottfried August Bürger neu bearbeitet von Hugo Jessat", Ferdinand Hirt in Breslau, 1925

Seiten 13, 15, 17, 18, 21, 26, 31, 33, 37, 56, 57, 58, 61, 65, 71: Zeichnungen und Farbbilder von Walter Trier (1890 – 1951) aus „Münchhausen – Nacherzählt von Erich Kästner", Verlag Carl Ueberreuter, Wien, Heidelberg, 1951

Seiten 19, 24, 30, 43, 45, 53, 81, 93, 105: Kupferstiche von Gustave Doré (1832 – 1883) aus „Aventures du baron de Münchhausen", Jouvet Furne et Cie, Paris, 1862

Seite 20: Der heilige Hubertus, Anblick, Südtiroler Jagdportal

Seite 23: Jean Geoffroy (1853 – 1924), 1877 Münchhausen-Bibliothek, Zürich

Seiten 31, 40: August von Wille (1828 – 1887) aus „Des Freiherrn von Münchhausen einzig wahre Erlebnisse zu Wasser und zu

Land ...", Arnz und Comp., Düsseldorf, 1856

Seiten 32, 38: Wilhelm Simmler, (1840 – 1923) aus „Die Abenteuer des Freiherrn von Münchhausen" von Gottfried August Bürger, Göttingen, 1786

Seiten 36, 59: Adolphe Alphonse Géry-Bichard (1841 – 1926) aus „The Adventures of Baron Munchausen" von Rudolf Erich Raspe, London, 1886

Seite 42: Kupferstich von Rudolf Erich Raspe (1836 – 1894) aus „Baron Munchausen's Narrative of his Marvellous Travels and Campaigns in Russia", London, 1786

Seite 45: Tuschezeichnung von Jan Müller (*1945)

Seiten 50, 74: Handkolorierte Radierungen von Thomas Rowlandson (1757 – 1827) aus „Surprising Adventures of the Renowned Baron Munchausen", London, 1809

Seite 77: Linolschnitt von John Held Jr. (1889 – 1958) New York, 1929

Seiten 87, 89: Gottfried Franz (1846 - 1905) aus „The Travels and Adventures of Baron Munchausen" von Rudolf Erich Raspe, London, 1895

Seite 95: Lithographie von Hablot Knight Browne (1815 – 1882), Privatsammlung, undatiert

Seite 109: Titel des in Berlin veröffentlichten „Vademecum für lustige Leute", August Mylius, Berlin, 1781

Seite 110: Medallion-Relief von James Tassiech (1736 – 1794)

Anmerkungen und Glossar

Bottany Bay – die Botanikbucht in Sydney mit einer Artenvielfalt an Pflanzen, wo James Cook 1770 mit der Endeavour landete

Bramstenge – zweite Verlängerung eines Schiffsmastes, oberhalb der Marsstenge

Bugspriet – fest mit dem Rumpf eines Segelschiffes verbundene, starke Spiere (Rundholz)

Clemens XIV. – (1705 – 1774), Papst von 1769 – 1774

Cornwall – Grafschaft und Halbinsel; westlichster und südlichster Punkt Englands

Exeter – Hauptstadt der Grafschaft Devon im Südwesten Englands; früher Hauptstadt von Cornwall

Falstaff, Sir John – literarische Figur von William Shakespeare, gilt als ein dicker Angeber und Genießer

Jagemann, Christian Joseph – (1735 – 1804), deutscher Gelehrter

Karl VI. – (1685 – 1740), römisch-deutscher Kaiser von 1711 – 1740

Konstantinopel – seit 1930 international unter dem Namen Istanbul bekannt

Kuchenreuter – aus Regensburg stammende, berühmte Büchsenmacherfamilie

Lafette – ein meist fahrbares Gestell, auf dem eine Waffe montiert werden kann

Maria Theresia – (1717 – 1780), von 1740 bis zu ihrem Tod regierende Erzherzogin von Österreich und Königin u. a. von Ungarn und Böhmen

Marmarameer – Binnenmeer zwischen Europa und Asien, verbindet Mittelmeer mit Schwarzem Meer

moderata durant – lateinisch: Das Maßvolle ist von Dauer

Mufti – islamischer Rechtsgelehrter

Oberlof – Überlauf, durchgehende Plattform unter den Füßen des Schiffers, die das „Laufen" erleichtert, nasse Füße verhindert und die Außenplanken vor dem Betretenwerden schützt

Otschakiw – ukrainische Hafenstadt am Schwarzen Meer

Pascha – italienisch Bassa, im osmanischen Reich der Titel der höchsten Zivilbeamten und Militärs

Peter der Große – (1672 – 1725), von 1682 bis 1721 Zar von Russland, von 1721 bis 1725 erster Kaiser des Russischen Reiches

Philanthropin – eine Schule, die nach den Grundsätzen des Philanthropismus unterrichtet, mit den Erziehungsmaximen Menschenliebe (Philanthropie), Vernunft, Gleichheit, Natürlichkeit und Glück

Portsmouth – Hafenstadt an der Südküste Englands

Pruth – zweitlängster Nebenfluss der Donau zwischen Moldau und Rumänien

Sankt-Lorenz-Strom – Fluss in Kanada und den Vereinigten Staaten

Serail – Palast bzw. Residenz eines türkischen Herrschers

terra firma – lateinisch: Festland

Tott, François Baron de – (1733 – 1793), französischer Diplomat und Militär ungarischer Herkunft, von 1769 bis 1775 Militärberater der osmanischen Regierung, korrigierte in seinen Memoiren über seine Erlebnisse im Orient viele in Europa verbreitete irrige Nachrichten über die dortigen Länder. Die erste deutsche Übersetzung erschien 1786 unter dem Titel „Herrn Baron von Totts Merkwürdigkeiten und Nachrichten von den Türken und Tataren".

Triller – schneller mehrfacher Wechsel zwischen zwei benachbarten Tönen

Ein kurzweilig Lesen von
Till Eulenspiegel
aus dem Lande zu Braunschweig
Wie er sein Leben vollbracht hat
Alfa-Veda

400
Der Struwwelpeter
400
Alfa-Veda
Lustige Geschichten und drollige Bilder
von
Dr. Heinrich Hoffmann
Erstausgabe 1845 und 400. Auflage 1917
1917

Max & Moritz
Eine Bubengeschichte in sieben Streichen
A Juvenile History in Seven Tricks
Bilingual – From the German by Charles T. Brooks
Wilhelm Busch
Alfa-Veda

Russische Märchen
Bilder von Iwan Bilibin
Nacherzählt von Jan Müller
Alfa-Veda